中小企业税务风险
分析与控制

Analysis and Control of
Small and Medium-sized Enterprise Tax Risk

罗威 著

暨南大学出版社
JINAN UNIVERSITY PRESS

中国·广州

图书在版编目（CIP）数据

中小企业税务风险分析与控制/罗威著．—广州：暨南大学出版社，2019.4
ISBN 978 - 7 - 5668 - 2565 - 0

Ⅰ. ①中… Ⅱ. ①罗… Ⅲ. ①中小企业—税收管理—风险管理—研究—中国
Ⅳ. ①F812.423

中国版本图书馆 CIP 数据核字（2019）第 020464 号

中小企业税务风险分析与控制
ZHONGXIAOQIYE SHUIWU FENGXIAN FENXI YU KONGZHI
著　者：罗　威

- -

出 版 人：徐义雄
策　　划：黄圣英
责任编辑：高　婷
责任校对：傅　迪
责任印制：汤慧君　周一丹

出版发行：暨南大学出版社（510630）
电　　话：总编室（8620）85221601
　　　　　营销部（8620）85225284　85228291　85228292（邮购）
传　　真：（8620）85221583（办公室）　85223774（营销部）
网　　址：http://www.jnupress.com
排　　版：广州市天河星辰文化发展部照排中心
印　　刷：广州市穗彩印务有限公司
开　　本：787mm×960mm　1/16
印　　张：10
字　　数：202 千
版　　次：2019 年 4 月第 1 版
印　　次：2019 年 4 月第 1 次
定　　价：38.00 元

（暨大版图书如有印装质量问题，请与出版社总编室联系调换）

前　言

2009 年国家税务总局发布了《大企业税务风险管理指引（试行）》，对大企业如何规避生产经营中面临的各种税务风险给予了指导，在很大程度上起到了防微杜渐的作用，从源头上解决了很多税收征管的问题。该文件是我国企业税务风险管理研究的标志性成果，从而也掀起了研究企业税务风险管理的热潮。与此同时，随着国家在政策上充分鼓励中小企业的发展，中小企业在我国的经济地位逐年上升。然而，目前大部分中小企业的税务风险意识淡薄、税务风险管理制度缺失，即使有的中小企业建立了企业风险管理制度，但税务风险仍然游离在企业风险管理制度之外。税务风险已经成为阻碍中小企业发展的重大风险之一，税务风险在一定程度上给中小企业带来的损失和造成的破坏甚至要超过其他任何风险。

本书将税务风险视为中小企业在生产经营过程中面临的一种重要风险，在对广东省部分城市中小企业进行调研的基础上，参考美国 COSO 委员会的《企业风险管理整合框架》，通过构建中小企业税务风险管理目标、管理组织、识别与评估机制、应对系统、信息沟通机制以及监督和改进机制等相关管理制度，力图构建中小企业税务风险管理体系，以实现对企业税务风险全面、系统的管理。本书是广东省自然科学基金资助的研究成果，该成果有着较好的应用前景，特别是中小企业税务风险评测系统，具有较强的实用性。

在已有的研究成果中，虽然有学者尝试建立企业税务风险的评估或预警机制，但更多倾向于定性分析。由于企业税务风险的复杂性，已有的模型很难运用到企业的实际经营管理中。另外，就目前我国中小企业的风险管理能力而言，绝大多数中小企业的管理成本有限，税务风险管理技术条件尚不成熟，自身也不具备进行税务风险评估或预警的能力。本书设计的中小企业税务风险评测系统，依照行业分类的数据库生成税务风险的标准值并进行数据配比，最终形成企业税务风险评估报告。系统操作简单，结果一目了然，具有较强的实用性和可操作性，在中小企业中有着较为广阔的应用前景，可以帮助中小企业有效地识别与评估税务风险。

　　企业税务风险管理是一项新兴、复杂的研究。本书难免存在诸多的不足与疏漏，希望本书能起到抛砖引玉的作用，为更多研究企业税务风险管理的学者提供参考，也为广大中小企业管理好自身的税务风险提供一定的帮助。

罗　威

2019 年 2 月 15 日

目　录

1

研究背景

以 2004 年美国 COSO 委员会正式发布的《企业风险管理整合框架》（COSO – ERM）为标志，企业税务风险管理开始受到国内外研究人员的关注，企业税务风险也逐步被企业管理者所熟悉。与企业经营面临的其他风险一样，税务风险有着类似的特征及构成要素，因此可以将其纳入企业经营风险管理体系中进行系统的管理。税务风险管理已经引起国内外企业越来越多的重视，企业税务风险产生的原因、管理的框架等相关研究也日趋深入。目前国内对大企业税务风险管理的关注程度越来越高，但中小企业如何进行税务风险管理却未能引起足够的重视。本书将结合中小企业自身的特点，构建中小企业税务风险管理体系，以期降低税务风险对中小企业的影响。

1.1　研究意义

1.1.1　税务风险管理研究的兴起

2003 年，美国 COSO 委员会颁布了《企业风险管理》（*Enterprise Risk Management Framework*）草案，这标志着企业税务风险研究的真正兴起。随后，许多跨国公司均在财务部门内设置了首席税务主管，专门致力于控制税务风险，公司税务管理的职能也正朝这一方向倾斜。风险和声誉问题已经逐渐成为全球税务经理最为关注的问题之一，也迫使公司董事会和内部审计部门更为关注企业的税务事项，更加重视对企业税务风险的管理。

我国对企业税务风险的重点关注始于 2008 年，国家税务总局在机构改革中组建了大企业税收管理司（以下简称"大企业司"）。2009 年 5 月 5 日，国家税务总局发布了《大企业税务风险管理指引（试行）》（以下简称《指引》），这是我国就企业税务风险管理正式下发的第一个指导性文件。《指引》要求，大企业应根据需要，设置与企业财务部平行的税务部门和配备专业税务人员，使经营决策从一开始就能保持正确运作，有效控制税务风险，从而达到企业税负最优化目标。《指引》的发布，标志着我国税务机关将企业税务风险管理列入重点研究课题。

1.1.2　中小企业的经济地位

自改革开放以来，我国中小企业不断发展壮大，已成为国民经济和社会发展的重要力量。目前中小企业占全国企业总数的 99.7%，其中小企业占 97.3%。同时，中小企业创造的最终产品和服务价值已占到国内生产总值（GDP）的 60%，纳税约为国家税收总额的 50%。中小企业所占 GDP 比重、纳税比例，充分说明我国在经济建设中不仅要重视发展"顶天立地"的大企业，更要重视发展"铺天盖地"的中小企业。2015 年 5 月 8 日，国务院公布了中国版的"工业 4.0"规划——《中国制造 2025》，规划中明确把"促进大中小企业协调发展作为深入推进制造业结构调整的工作重点，把进一步完善中小企业政策作为战略支撑和保障"。近年来，广东省中小企业的发展势头也很迅猛，"十二五"期间，广东省以中小企业为主体的民营经济单位数达到了 756.78 万户，占全省登记市场主体的 97.7%，年均增长 11.5%；规模以上中小企业总产值占全省比重 55% 以上，总投资比重提升至 60.1%，税金收入 8 612.13 亿元，在全国排名第一。中小企业在优化产业结构调整、促进创业创新、吸纳社会劳动力就业、增进对外交流合作等方面都成为重要的主体①。由此可见，中小企业在广东省经济发展中处于不可替代的重要地位，如果无法保证中小企业的健康发展，那么政府的税收、就业、出口都将失去有力的保障，社会稳定也将受到严重的威胁。

1.1.3　税务风险对中小企业发展的影响

虽然我国中小企业在国民经济中处于举足轻重的地位，但其整体税收负担偏重。根据 2014 年国家会计学院完成的《中小企业税收发展报告》显示，中小企业和大企业的税收负担（增值税/收入）比例大致相当，不过在所得税率上，中小企业的税收负担明显高于大企业，差距甚至接近一倍。《中小企业税收发展报告》还选取了中小企业集聚的新三板、创业板进行分析：新三板企业无论是综合税负、所得税负还是流转税负均高于主板企业，综合税负更高达 180%；而创业板企业（新三板企业 2012 年推出，数据尚不能进行纵向对比）在 2007 年至 2012 年间，综合税负已由 40% 大幅升至 2012 年的 71%，特别是

---

① 广东省经济和信息化委员会. 广东省中小微企业成长"十三五"规划［EB/OL］. http: // www.gdei. gov. cn/ywfl/zxqy/201612/t20161228_ 125483. htm.

在 2010 年之后，增势较快，表明中小企业税负负担持续加重①。

由于中小企业税收负担过重，税收对于中小企业的影响就显得至关重要。企业的税务问题处理好了，能促使企业快速地发展壮大；企业的税务问题处理得不好，可能给企业带来巨大的损失，甚至直接导致企业破产、倒闭。因此，税务风险对于中小企业来说，其重要程度不亚于其他经营风险。特别是在中小企业发展的成熟阶段，此时的中小企业处在快速发展的黄金时期，企业各项业务记录以及财务制度都趋于完善，产品的市场份额也相对稳定，销售收入给企业带来较好的净现金流入，同时，营业额的快速增长也使得企业的应纳税额逐步提高。在这个阶段，如果因为税务问题带来巨大的损失，可能就直接断送了企业的大好前程；反过来，如果合理地处理了税务风险，不但不会给企业造成损失，还能帮助企业进一步规范生产经营模式、内部管理制度，从而为企业发展壮大成为大企业打下坚实的基础。

1.1.4 我国税务风险研究的缺位

目前，我国对于企业税务风险管理的研究相对比较薄弱，具体表现为：

（1）关于中小企业税务风险管理的研究成果较少。很多学者在研究企业税务问题时，重视纳税筹划而忽视了税务风险管理。虽然国家在 2009 年出台了《指引》，并在学术界引起了不小的轰动，很多学者纷纷加入企业税务风险管理的研究中，但这些研究主要还是针对一些大企业展开，而真正以中小企业作为主体的研究却很少。大多数关于企业税务风险的研究浮于表面，缺乏系统性研究，没能将税务风险管理理论上升为一个系统的、全面的、战略的管理框架与理念。

（2）对税务风险的影响未引起足够的重视。在实际的生产经营中，企业重视生产经营等风险，忽视税务风险。按照目前企业风险管理的主流观点，企业风险被划分为外部风险和内部风险，但其中并没将税务风险单独列出，也很少有企业将税务风险纳入企业风险管理体系中进行管理。然而在实际生产经营中，中小企业将面临的不只是经营风险，还会面对重大的税务风险。在企业税务风险的管理工具上也缺少先进的现代风险管理理论分析方法，税务风险的评估与度量都缺乏量化分析，更科学的、有针对性的税务风险预警、评估管理模型研究则几乎没有。

---

① 首份中小企业税收发展报告出炉　新三板企业综合税负最高［EB/OL］．http：// finance. sina. com. cn/china/20140415/102618801913. shtml.

1.1.5 主要观点

随着国家在政策上充分鼓励中小企业的发展，中小企业在我国的经济地位逐步上升。但对于我国的中小企业而言，税务风险已经成为阻碍中小企业发展的重大风险之一，其在一定程度上给中小企业带来的损失和造成的破坏甚至要超过其他任何风险。然而，目前大部分中小企业的税务风险意识淡薄、税务风险管理制度缺失，即使有的中小企业建立了企业风险管理制度，但税务风险仍然游离在企业风险管理制度之外。《中国制造 2025》中提到，要"引导中小企业精细化生产、精细化管理、精细化服务；引导中小企业开展技术创新、管理创新和商业模式创新"①。本书力图为广东省中小企业建立税务风险管理体系，这正是一种精细化的管理模式创新。本书将税务风险作为企业经营活动中面临的重要风险之一，纳入企业风险管理体系中，通过构建税务风险识别与评估、应对等机制，实现对中小企业税务风险的全面管理。

1.2 研究内容

1.2.1 研究目标

（1）通过实证调研，一方面了解广东省中小企业税务风险的管理水平，另一方面研究中小企业税务风险管理的意愿，并为构建中小企业税务风险管理体系提供实证依据。

（2）结合实证分析与理论分析的成果，开发指导性、实用性较强的中小企业税务风险管理体系，帮助广东省中小企业对税务风险进行有效管理。

---

① 国务院关于印发《中国制造 2025》的通知［EB/OL］. http：//www. gov. cn/zhengce/content/2015－05/19/content_ 9784. htm.

1.2.2 具体研究内容

税务风险是中小企业经营活动中面临的风险之一，它是一种不确定性或发生损失的可能性。这种不确定性既包括税务机关对企业的处罚，导致企业发生损失的可能性；也包括企业多缴税款、承担不必要的税收负担两种情况。本书将围绕中小企业税务风险的管理展开研究，具体包括三个部分：第一部分属于实证研究，根据对广东省部分城市中小企业的调研，分析广东省中小企业税务风险管理现状，并重点对其税务风险管理的意愿进行分析，发现中小企业税务风险管理中存在的问题，并有针对性地构建中小企业税务风险管理体系。第二部分属于应用型研究，在税务风险管理体系的框架中，重点研究中小企业税务风险的识别与评估机制。以《纳税评估管理办法（试行）》《企业涉税风险控制指南》等文件为基础，筛选指标构建税务风险评测体系，并利用上市公司及会计中介行业提供的数据生成标准值，实现税务风险的量化评估与分析，以期通过系统化的管理，降低税务风险对企业生产经营造成的影响。第三部分同样也属于应用型研究，在前两个部分研究的基础上，对一定数量的样本企业进行测试，完善中小企业税务风险评测系统。

在本书涉及的三部分研究中，第二部分的研究成果具有较高的应用价值。该部分以国家税务总局出台的《纳税评估管理办法（试行）》及其评价指标体系为基础，综合近年来国内众多研究者提出的较有价值的评价指标，形成一个相对完善的企业税务风险量化评估指标体系，并利用计算机程序开发出对应的税务风险评测系统。该系统具有较强的可操作性、可推广性，能够真正地运用到中小企业的日常经营活动之中，有效地帮助中小企业降低税务风险带来的损失。

1.2.3 解决关键问题

（1）广东省中小企业税务风险管理现状分析。通过对广东省中小企业进行调查问卷、企业访谈，有针对性地梳理其税务风险管理水平以及管理意愿的现状。并以此为依据，结合管理学、经济学的理论与模型，深入分析广东省中小企业税务风险管理的核心问题。

（2）设计中小企业税务风险评测系统。在企业税务风险管理的众多环节中，税务风险的识别与评估是整个管理流程的源头。只有及时地识别与评估税务风险，才能对其进行有效的管理，而税务风险的识别与评估是最为关键的核心重点工作。特别是对于中小企业而言，其管理成本有限，处于税务管理的信息孤岛，税务风险管理技术条件尚不成熟。针对中小企业在税务风险识别与评估中面临的困难，开发一种适合中小企业的税务风险评测系统是非常必要的。本书提出中小企业税务风险评测系统的设计理念、系统构架以及开发方式，包括税务风险相关财务数据分析、税务风险量化测评以及税务风险诊断汇报三个方面。

（3）中小企业税务风险评测系统的验证与实施。通过对若干样本中小企业使用中小企业税务风险评测系统后的效果进行评估，验证其有效性与普适性，为推广研究成果打下坚实基础。

1.2.4 研究意义

对于目前税务风险意识偏低、税务风险管理制度缺乏的中小企业而言，本书的研究成果有利于帮助中小企业系统、全面地管理税务风险，从而较大程度提升中小企业的竞争力和纳税遵从度，以避免不必要的税收成本，因此本研究成果具备较好的应用前景。

1.3 研究方法

本书采用实证研究与规范研究相结合的研究方法，首先通过实证调研进一步分析中小企业税务风险管理中存在的关键问题，然后以相关理论及模型为基础，结合实证分析与理论分析的成果，构建实用性较强的中小企业税务风险评测系统，并在一定数量的样本企业上进行测试与完善。

1.3.1 技术路线

本书的技术路线如下图所示：

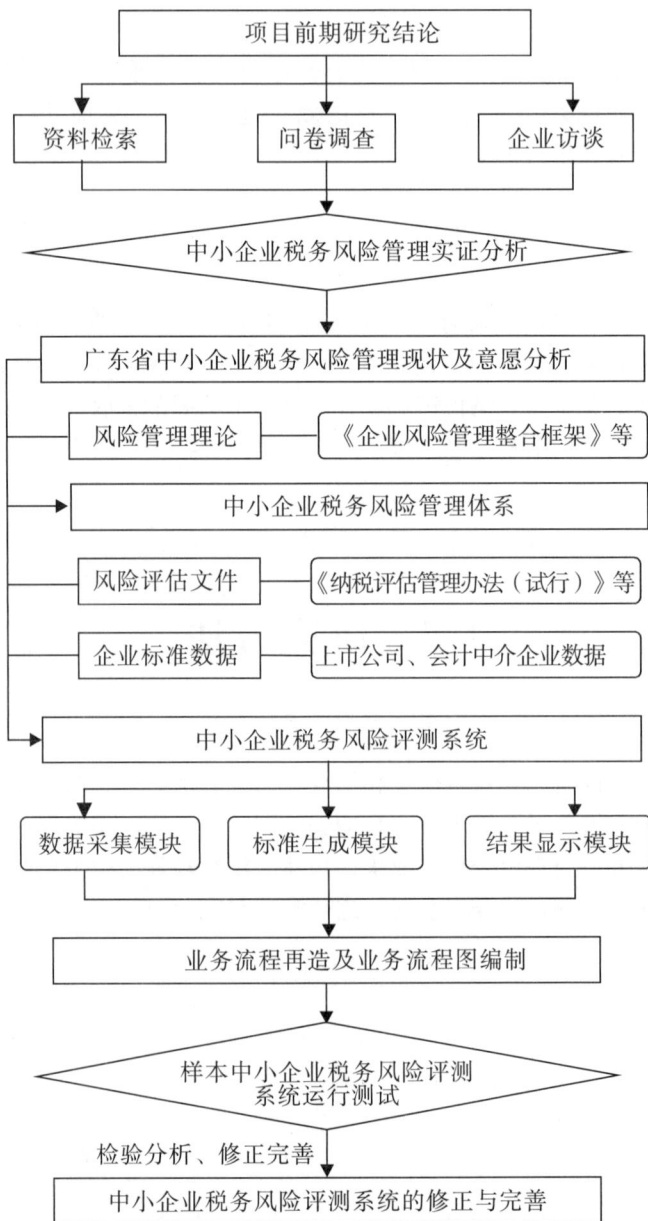

```
                        ┌─────────────────────┐
                        │   项目前期研究结论    │
                        └─────────────────────┘
          ┌──────────────────┬──────────────────┐
          ▼                  ▼                  ▼
     ┌─────────┐        ┌─────────┐        ┌─────────┐
     │ 资料检索 │        │ 问卷调查 │        │ 企业访谈 │
     └─────────┘        └─────────┘        └─────────┘

          ◇ 中小企业税务风险管理实证分析 ◇

     ┌──────────────────────────────────────────┐
     │ 广东省中小企业税务风险管理现状及意愿分析    │
     └──────────────────────────────────────────┘
       ┌──────────────┐        ┌──────────────────────┐
       │ 风险管理理论 │────────│《企业风险管理整合框架》等│
       └──────────────┘        └──────────────────────┘
       ┌──────────────────────────────────────────┐
       │      中小企业税务风险管理体系              │
       └──────────────────────────────────────────┘
       ┌──────────────┐        ┌──────────────────────┐
       │ 风险评估文件 │────────│《纳税评估管理办法（试行）》等│
       └──────────────┘        └──────────────────────┘
       ┌──────────────┐        ┌──────────────────────┐
       │ 企业标准数据 │────────│ 上市公司、会计中介企业数据│
       └──────────────┘        └──────────────────────┘
     ┌──────────────────────────────────────────┐
     │      中小企业税务风险评测系统              │
     └──────────────────────────────────────────┘
     ┌─────────┐        ┌─────────┐        ┌─────────┐
     │数据采集模块│       │标准生成模块│       │结果显示模块│
     └─────────┘        └─────────┘        └─────────┘

     ┌──────────────────────────────────────────┐
     │   业务流程再造及业务流程图编制            │
     └──────────────────────────────────────────┘

          ◇ 样本中小企业税务风险评测系统运行测试 ◇

                检验分析、修正完善

     ┌──────────────────────────────────────────┐
     │   中小企业税务风险评测系统的修正与完善    │
     └──────────────────────────────────────────┘
```

1.3.2 研究方案

本书的实证研究主要采用的是实证调研与样本测试，实证研究分为两个部分：

第一部分研究拟围绕广东省中小企业税务风险管理现状与意愿来设计研究框架，具体来说主要包括以下几个方面：一是设计出具有较高信度和效度、结构清晰的调查问卷；二是考察中小企业税务风险管理制度建设水平，探讨不同类型中小企业的所有制类型、运营时间、所在行业、所在地区等相关因素在税务风险管理制度建设水平上的差异；三是研究中小企业税务风险管理意愿，在控制企业规模、所在行业、经营年限、所在地域、所有制类型等相关变量的基础上，对广东省中小企业进行抽样调查，并对数据进行回归分析。

第二部分研究则计划在构建中小企业税务风险管理体系的基础上，重点研究与开发中小企业税务风险评测系统。在开发出对应的计算机系统后，选取广东省内若干家样本企业进行测试，预计经过一个完整财务年度的运行与测试，达到预期设定的目标，并据此对中小企业税务风险评测系统进行修正与完善。

本书首先采用规范研究的方法，通过文献资料分析中小企业税务风险产生的原因；然后通过实际调研、数据分析，采用实证分析的方法发现中小企业税务风险管理中存在的问题并检验理论分析的结果；最后结合实证分析与理论分析，构建实用性较强的中小企业税务风险评测系统，并在修正和完善后进行推广与应用。整个研究过程中实证研究与规范研究相结合，按照发现问题—研究问题—解决问题的思路，一步一步展开研究，符合社会科学研究规律，研究成果具有较强的实用性。

1.3.3 应用前景

本书的主要研究成果是构建中小企业税务风险评测系统，该成果有着较好的应用前景，可以帮助中小企业系统、全面地评估税务风险。具体的做法是：首先利用 AHP 分析法，通过对中小企业关键财务指标的分析筛选，构建中小企业税务风险评估指标体系；然后将相关的财务数据进行标准化，并根据行业加权平均税务风险值计算出行业税务风险值的标准差；最后用企业税务风险值除以标准差，得到税务风险系数，并将该税务风险系数与基准线相比较，以此判断企业税务风险的大小。中小企业税务风险评测系统在中小企业的实际经营管理过程中，具有较强的可推广性和可操作性。

1.4 小结

本章对企业税务风险管理研究的起源进行了阐述，结合我国中小企业的特点说明了中小企业税务风险管理体系的研究方法及意义，并对可能产生的应用前景进行了展望。

2

前期文献研究成果综述

近年来，国内外有越来越多的研究人员对企业税务风险的定义、产生原因、类型、管理方式等内容进行了理论研究与实证检验。虽然对于上述某些概念，学术界也存在着一些争议，但总体上都支持将税务风险纳入企业风险管理体系中进行系统的管理。同时，现有的相关研究成果显示，国内研究人员对大企业税务风险管理的关注程度越来越高，但对中小企业如何进行税务风险管理却未有足够的重视。本章将结合中小企业的特点，从企业税务风险的概念、产生的原因、管理方法等方面简要综述中外研究文献。

2.1　企业税务风险的概念

国外对于企业税务风险的研究相对较早，其主要研究观点如下：Michael Carmody（2003）认为，税务风险是一种不确定性的风险，其不确定性包括适用的税法或者税务机关对其做出的解释方面的变化、会计记账标准的变化以及监管或者公司治理要求的变化等，这都导致了企业产生税务风险。[①] Kerim Peren Arine（2003）通过对不同经济政策与税务创新的探讨，提出企业税务风险既属于财务风险，同时也属于法律风险，可能会给企业带来财务损失、法律制裁和声誉损害等一系列风险。[②] Elgood 和 Tony 等（2004）则对企业税务风险做了一个比较完整的定义，认为企业的各项活动都会遇到不确定性因素，其中，某些体现在税务领域里的不确定因素就是税务风险。[③] 经济合作与发展组织（简称 OECD）在 2004 年发布的《遵从风险管理：管理和改进税收遵从》中指出：税收遵从风险，是指在税收管理中对提高纳税遵从产生负面影响的各种可能性和不确定性，主要是由纳税人的三种行为——无知、疏漏或是故意造成税法不遵从。[④]

---

①　MICHAEL CARMODY. Large business and tax compliance a corporate governance issue. leader's luncheon address［J］. Commissioner of taxation，2003（4）．

②　王玉兰，许可，李雅坤."营改增"后交通运输企业的税务风险管理能力——以沪市上市公司为例［J］. 税务研究，2014（7）：94–97.

③　ERNST，YOUNG & FREEHILLS. Corrs revenue group and greenwoods［J］. Tax risk management，2007（10）．

④　张爱球. OECD 的税收风险管理理论与实践［J］. 中国税务，2009（11）：27–31.

总的来说，国外将企业税务风险定义为一种不确定性，这种不确定性存在于纳税人未来的生产经营过程中。税务风险与企业经营过程中面临的其他风险一样，都可能在将来给企业带来损失，所不同的是税务风险更具有法律风险的特征。

在国外研究的基础上，国内研究者也开始对企业税务风险进行了研究。刘蓉（2005）认为税务风险是指税务责任的一种不确定性，产生于企业的交易经营、财务报告以及法规的遵循等活动过程中。① 王震寰（2000）认为税务风险是纳税人需要补税、罚款甚至是接受刑事处分的可能性，这种可能性是由于纳税人违反税收法规而产生的。② 蔡昌（2007）认为税务风险是指企业因为没有正确有效地遵守税法规定，导致未来利益受到损失的可能性，但这种可能性包括两种，即导致企业多缴了税或者少缴了税。③ 在国家法规层次对企业税务风险作出定义出现在《指引》中。根据国家税务总局的解释，企业税务风险主要分为两种类型：其一是不符合税收法律法规的规定，存在应纳税而未纳税、少纳税的情形，从而面临补税、罚款、加收滞纳金以及刑罚处罚等风险；其二是企业经营行为适用税法不准确，没有用足有关税收优惠政策，导致多缴纳了税款，承担了不必要的税收负担。④

综上所述，在企业税务风险的研究初期，国内研究者在国外研究成果的基础上对企业税务风险的定义有了更丰富的解读，认为企业税务风险应包括两个方面，即少缴税被税务机关处罚，或者是多缴税使企业受损。近年来，随着对企业税务风险的进一步深入研究，国内研究者对企业税务风险的定义也进一步明确。企业税务风险是指在企业生产经营过程中，未能有效遵从税收法规的一种不确定性，这种不确定性可能是由于少缴税、晚缴税被税务机关处罚，从而给企业带来包括经济、声誉⑤、投资心理⑥，甚至是法律上的损失；同时，也可能是由于多缴税导致企业经济利益受损。

---

① 刘蓉. 公司战略管理与税收策略研究［M］. 北京：中国经济出版社，2005.

② 王震寰. 不可忽视的税务风险［J］. 新财经，2000（4）.

③ 蔡昌. 税务风险：防范、化解与控制［M］. 北京：机械工业出版社，2007.

④ 国家税务总局. 国税发〔2009〕90 号文［EB/OL］. https：//wenku. baidu. com/view/1322be1ch7360h 4c2e3f64df. html.

⑤ 颜姝珉. 管理会计在中小企业税务风险管理中的运用探析［J］. 会计师，2015（19）：41 - 42.

⑥ 常娇阳. 企业税务风险管理案例分析：以 W 公司为例［J］. 中国社会科学院研究生院学报，2014（4）：48 - 53.

2.2 企业税务风险产生的原因

在国外已有的研究中，对企业税务风险产生的原因分析如下：Phillips (2003) 认为内部因素与外部因素共同作用产生了税务风险。其中，外部因素是不可控的，因此企业只能通过对内部因素的控制，才能达到依法缴税、合理避税、降低税务成本的目的。[①] Baranoff (2004) 在其著作中从风险的特性出发进行研究，认为税务风险不仅仅是由于企业采取不恰当的活动造成税务漏洞引起的，同时，与企业业务相关的法律与政策的不断变化很大程度上也导致了税务风险的产生。[②] Michael Carmody (2003) 认为企业税务风险的不确定性来源于内部因素和外部因素两个方面。导致税务风险产生的企业内部因素主要是制度建设不完善；而外部因素主要概括为经济环境、法律环境的变化。外部因素是不受企业控制的，因此企业只能通过对自身的制度建设来增强应对外部风险的能力。[③] 由此可见，国外研究者将企业税务风险产生的原因主要归于外部因素与内部因素，并强调通过控制内部因素来管理企业税务风险。

近年来，国内研究者对企业税务风险产生的原因分析结果与国外研究者基本一致，总体来说也将企业税务风险产生的原因分为内部因素与外部因素两大类。其中内部因素主要包括：企业内部管理机构设置不合理、税务风险意识缺失、财务管理人员水平低下、税务风险控制制度不健全、企业内部信息沟通不顺畅等。外部因素则主要包括：税收法律法规变化、市场经济竞争环境变化、税务机关执法水平不高等。

对于上述产生企业税务风险的具体内容，目前学术界还没有完全统一，但研究者关注的核心问题都是信息缺失。外部信息缺失的典型表现为，企业涉税人员与税务机关所掌握的税收法规以及市场信息不一致，导致企业出现多缴、少缴或晚缴税。内部信息缺失的主要表现是，企业缺乏税务风险控制意识，未

---

① PHILLIPS J D. Corporate tax-planning effectiveness：the role of compensation – based incentives ［J］. The accounting review，2003，78（3）：847 – 874.

② BARANOFF E Z. Risk management and insurance ［M］. Danvers：Wiley，2004.

③ MICHAEL CARMODY. Large business and tax compliance a corporate governance issue. leader's luncheon address ［J］. Commissioner of taxation，2003（4）.

对企业日常财务数据进行统计分析，未能有效地识别与防范税务风险。

2.3 企业税务风险管理方法

关于如何进行企业税务风险管理，国外研究者的主要观点相对比较统一，其中包含两个要点：

其一是企业税务风险管理属于事前管理，例如 Tom 和 Balvinder（2004）指出税务风险管理主要是事前管理，即在涉税义务产生以前，对该涉税经营事项进行分析及评估，依据分析及评估结果对最明显、最突出的事物进行筹划，使该涉税经营事项在最大限度地减少纳税额的同时又不引起税务机关的关注。[①]

其二是税务风险管理属于企业内部控制范畴。例如澳大利亚研究者 Michael Carmody（2003）认为，税务风险管理实际上就是对内部因素的控制。这是因为企业无法控制外部因素，企业需要通过对经营活动的合理安排，尽量规避税务机关的检查，在最大程度上实现合法纳税。[②]

2004 年美国 COSO 委员会提出了企业风险管理综合框架的相关内容，并在正式发布的《企业风险管理整合框架》（以下简称《框架》）中明确了企业风险管理的八个要素：内部环境、目标设定、事项识别、风险评估、风险应对、控制活动、信息沟通以及监督。《框架》的发布逐渐成为企业税务风险管理体系构建的重要依据，众多国外研究者以《框架》中的企业风险管理要素为基础，构建了企业税务风险管理体系[③]，目前较为普遍的企业税务风险管理流程如下图所示：

---

① TOM NEUBIG, BALVINDER SANGHA. Tax risk and strong corporate governance [J]. Tax executive, 2004 (3/4): 3 - 4.

② MICHAEL CARMODY. Large business and tax compliance a corporate governance issue. leader's luncheon address [J]. Commissioner of taxation, 2003 (4).

③ ROBBERT HOYNG, SANDER KLOOSTERHOF & ALAN MACPHERSON. Tax risk management: from risk to opportunity – tax control framework deloitte, 2009.

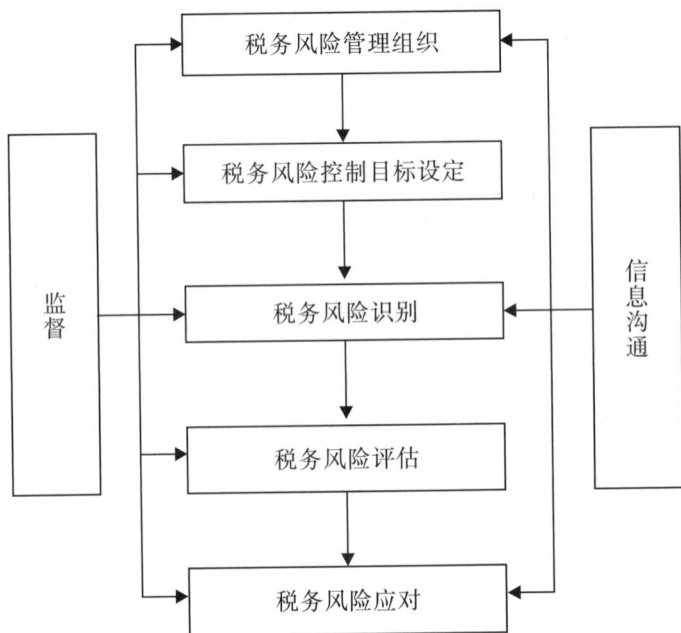

COSO－ERM 框架下的企业税务风险管理流程图

在国外研究者研究的基础上，近年来国内研究者也对企业税务风险管理体系的构建进行了深入的研究，其标志性成果就是 2009 年国家税务总局发布的《指引》，这是我国就企业税务风险管理正式下发的第一个指导性文件。《指引》要求企业应从经营决策开始，就能保持正确运作，有效控制税务风险，从而达到企业税负最优化目标。《指引》中明确规定了企业应该从税务风险管理组织、税务风险识别和评估、税务风险应对策略和内部控制、信息与沟通、监督与改进五个方面来进行全面的税务风险管理。① 在《指引》出台后，众多国内研究者对《指引》进行了解读与细化，并结合实际操作提出了我国企业在进行税务风险管理时存在的问题，例如，彭喜阳（2014）认为大部分企业涉税人员的专业能力不足以胜任企业税务风险管理工作②；牟信勇等（2014）在研究报告中指出企业税务风险管理信息技术滞后③；邓亦文等（2015）认为

---

① 国家税务总局．国税发〔2009〕90 号文［EB/OL］．https：//wenku．baidu．com/view/1322be1cb7360b4c2e3f64df．html．

② 彭喜阳．中小企业税务风险成因与应对策略［J］．江西社会科学，2014（8）：220－225．

③ 牟信勇，寇伟斌，王谦英，等．大企业税务风险管理探索［J］．税务研究，2014（10）：55－60．

税务风险管理绩效的评价缺乏确切的量化指标①；于昌平（2014）认为税务风险管理目标不明确②。

综合近年来的研究成果，可以得到一个共性的结论，即在企业税务风险管理的众多环节中，税务风险识别与评估是整个管理流程的源头。只有及时地识别与评估税务风险，才能对其进行有效的管理，因此税务风险识别与评估是最为关键的核心重点工作。有研究者提出通过流程图法、财务报表法、模糊层次分析法等可以有效地识别税务风险，也可以运用模型测算、指标测试、数据统计等方法有效地评估税务风险。特别是在定量评估企业税务风险的过程中，可以利用企业财务数据、第三方统计数据以及税务主管机关公布的数据等相关信息来测算预警值，并评估企业的税务风险值。

2.4　中小企业的界定

从世界范围来看，中小企业的划分主要是按照定量和定性两种方法来进行的。由于按定量标准划分更加直观简便，同时也有利于统计和比较，因此，很多国家都是按照定量的方法来界定中小企业的。定量标准又有两种界定方式：一种是按生产要素界定，即按照员工人数、资产（或资本）额等标准；另一种是按经营水平界定，即按照营业收入额、销售额等标准。由于世界各国的产业结构、企业规模、经济发展水平等各不相同，所以不同国家和地区对中小企业的定量界定标准也有很大的差异。

我国中小企业的界定标准经历过几个阶段，从 20 世纪 60 年代按员工人数划分，到 70 年代按年综合生产能力划分，再到 90 年代按销售收入和资产总额划分，最后到现行的按销售收入、资产总额及员工人数来划分，可以看出我国对企业规模划分的标准越来越细致、科学。随着我国经济的不断发展，中小企业的经营规模、生产总值也在不断提升，为了更好地扶持中小企业发展，更有效地识别中小企业，以制定更有针对性的优惠政策，2011 年工信部、国家统

---

① 邓亦文，姜明军. 企业税务风险管理：问题、成因与对策 [J]. 商业会计，2015（20）：66 – 68.

② 于昌平. G 股份有限公司税务风险管理研究 [D]. 长春：吉林大学，2014.

计局、国家发改委、财政部联合发布了《中小企业划型标准规定》，以就业人数、营业额、资产总额作为参考指标，将中小企业分为中型、小型和微型企业，同时废止了 2003 年的划分标准。该规定修改了《中小企业标准暂行规定》中部分行业的划分标准，同时还增加了信息传输业、软件和信息技术服务业、房地产开发经营、物业管理、租赁和商业服务业五个行业的划分标准（具体标准见附录 1）。《中小企业划型标准规定》中还首次明确提出了微型企业的划分标准，这也为将来给中小企业提供更有力的政策支持奠定了基础。

2.5 中小企业税务风险管理

无论从国家角度，还是从中小企业未来发展角度看，企业税务风险管理都将成为企业经营管理的最重要内容之一。[①] 但是与大企业相比，中小企业无论在经营规模、经营方式，还是在人员素质、管理制度等方面都有很大的差别，因此"生搬硬套""生吞活剥"大企业看似"大而全"的税务风险管理方法并不适用于中小企业[②]，中小企业应该寻找适合自己的税务风险管理方式。

中小企业如何进行税务风险管理，应根据自身的实际情况来判断，既要考虑企业的类型、规模等外在特征，也要考虑企业纳税特点、企业文化等内在特征，在企业决策层充分认识到税务风险管理的重要性和必要性的基础上，根据企业自身特点来进行税务风险管理。[③] 中小企业员工人数少、规模较小、业务较单一且涉税业务工作量不大，安排专门人员来进行税务风险管理成本较高，且凭借自身力量也难以有效地识别、评估税务风险，因此可以通过聘请第三方机构担任企业税务顾问，根据企业各项业务进展定期进行专项的税务风险评估，并为企业遇到的税务难题随时提供税务咨询帮助。类似的观点在近年来的相关研究结果中也有所体现。例如：颜姝珉（2015）认为中小企业应该选择税务风险管理外包，聘请会计师事务所、税务师事务所等中介机构完成税务风

① 庹政萍. 浅议中小企业税务风险管理与控制 [J]. 北方经贸, 2015 (10)：132.
② 季松. 论中小企业税务风险管理 [J]. 中华女子学院学报, 2015 (3)：119 – 123.
③ 颜姝珉. 管理会计在中小企业税务风险管理中的运用探析 [J]. 会计师, 2015 (19)：41 –42.

险管理。会计师事务所、税务师事务所等中介机构有较强的专业服务能力，选择税务风险管理外包，有利于减轻中小企业的固定成本，在完成税务风险管理的同时，增强企业的盈利能力。① 于昌平（2014）认为全面的税务风险识别是一项长期而系统的工作，并不是所有的企业凭借现有人力及掌握的专业技能就可以进行全面的税务风险识别的。所以，企业可以考虑聘请风险管理机构、税务代理机构、税务管理机构、审计机构、会计师事务所等专业机构，利用外部专业力量来帮助和参与公司的税务风险识别。② 常娇阳（2014）认为除了内部审计部门对企业的税务活动进行监督，企业还可以聘请外部专业的税务中介机构，定期对企业的涉税事项进行审计，并出具审计报告。③

2.6　小结

综上所述，一方面对于我国的中小企业而言，绝大多数企业的管理成本有限，且处于税务管理的信息孤岛，税务风险管理技术条件尚不成熟；另一方面在企业税务风险管理的众多环节中，税务风险识别与评估是整个管理流程的源头，只有及时地识别与评估税务风险，才能对其进行有效的管理。因此，中小企业税务风险识别与评估，是整个税务风险管理中最为关键的核心重点工作。帮助中小企业解决在税务风险识别与评估中面临的困难，特别是如何定量地识别与评估企业税务风险，在将来的相关研究中有着重要的意义。

---

① 颜姝珉. 管理会计在中小企业税务风险管理中的运用探析［J］. 会计师，2015（19）：41 –42.
② 于昌平. G 股份有限公司税务风险管理研究［D］. 长春：吉林大学，2014.
③ 常娇阳. 企业税务风险管理案例分析：以 W 公司为例［J］. 中国社会科学院研究生院学报，2014（4）：48 –53.

3

广东省中小企业税务风险管理现状研究

在上一章的分析中，可以知道目前我国的中小企业无论在税务风险的管理水平，还是在税务风险管理意愿上都存在明显的不足。因此本章的研究目的是，通过问卷分析，研究中小企业税务风险管理水平以及管理意愿的现状，发现主要存在的问题，并总结出其影响因素，以期为后文构建中小企业税务风险管理体系提供一定的参考依据。

3.1 中小企业税务风险管理水平现状的研究

3.1.1 企业税务风险管理水平调查问卷的设计

依据上一章的分析，可以参照美国 COSO 委员会发布的《框架》的要求，从税务风险目标控制、管理组织、识别与评估、信息沟通、内部控制、监督与改进六个方面来评价企业税务风险管理水平。本书通过对个别企业进行访谈，设计出《中小企业税务风险管理现状调查问卷》（见附录2），通过研究不同类型、规模、运营时间、所在行业的企业在税务风险管理水平上的差异，来验证上一章的相关部分。据此，本书提出如下假设：

H_1：规模较小企业与规模较大企业在税务风险管理制度水平上存在差异。

H_2：规模较小企业与规模较大企业在税务风险管理目标设置水平上存在差异。

H_3：规模较小企业与规模较大企业在税务风险管理岗位设置水平上存在差异。

H_4：规模较小企业与规模较大企业在税务风险识别与评估水平上存在差异。

H_5：规模较小企业与规模较大企业在涉税信息沟通水平上存在差异。

H_6：规模较小企业与规模较大企业在税务风险管理监督与改进水平上存在差异。

3.1.2 企业税务风险管理水平的度量

（1）企业税务风险管理参照要素。

在美国 COSO 委员会发布的《框架》中，内部环境、目标设定、事项识别、风险评估、风险应对、控制活动、信息沟通以及监督是企业风险管理的基本要素，参照这些基本要素就可以测量企业的税务风险管理水平。

（2）评价指标的测度方法。

《中小企业税务风险管理现状调查问卷》共设计了 16 道题目来测量中小企业税务风险管理水平。为了进行量化分析，需要对这些测量条目进行赋值，具体的赋值情况见表 3-1。

表 3-1 中小企业税务风险管理水平测量条目赋值情况

测量指标	测量条目	赋值情况
税务风险管理水平	问题 2	会咨询：2 分；不咨询：0 分
	问题 4~8、10~13、15	是：2 分；否：0 分
	问题 1、3	从不：0 分；偶尔：2 分；经常：2 分
	问题 16	从 A 到 D 依次赋值：0~2 分
	问题 9	从 E 到 A 依次赋值：0~2 分
	问题 14	是：0 分；否：2 分

3.1.3 样本选择

本调研团队共向广东省内的 1 500 家企业发放调查问卷，共回收 1 413 份，有效问卷的数量为 1 289 份，有效率 85.93%，具体统计情况见表 3-2。

表 3 – 2 样本统计情况（ $n = 1\,289$ ）

	类别	数量（家）	百分比（%）
注册资本	500 万元以下	675	52.4
	500 万 ~ 3 000 万元	380	29.5
	3 000 万元以上	234	18.2
经营收入	500 万元以下	684	53.1
	500 万 ~ 5 000 万元	377	29.2
	5 000 万元以上	228	17.7

3.1.4 不同注册资本企业的税务风险管理制度水平差异分析

第一步，以企业税务风险管理制度水平为变量，通过描述性统计，分析不同注册资本企业的税务风险管理制度水平特征。

表 3 – 3 不同注册资本企业的税务风险管理制度水平统计结果

	N	*Mean*	*Std. Deviation*	*Std. Error*	Min	Max
500 万元以下	675	16.803 0	6.968 17	0.268 20	0.50	32.00
500 万 ~ 3 000 万元	380	19.372 4	6.675 19	0.342 43	2.00	32.00
3 000 万元以上	234	20.365 4	6.941 98	0.453 81	1.00	32.00
总计	1 289	18.207 1	7.036 90	0.196 00	0.50	32.00

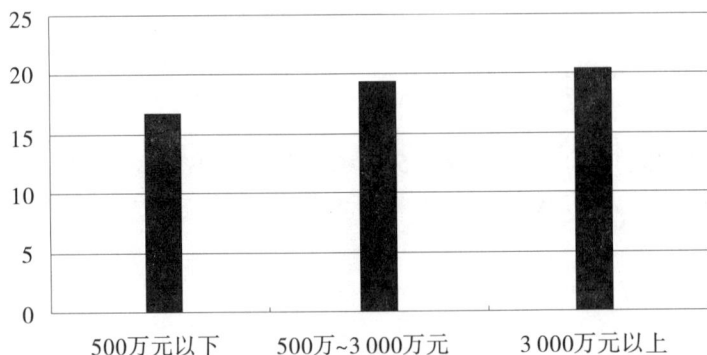

图 3 – 1 不同注册资本企业的税务风险管理制度水平

由表 3 - 3 及图 3 - 1 可知，不同注册资本企业的税务风险管理制度水平存在明显差异。

第二步，通过 Mann-Whitney U 检验结果进行分析，见表 3 - 4。

表 3 - 4　不同注册资本企业的税务风险管理制度水平 Mann-Whitney U 检验结果

企业注册资本			Z	Asymp. Sig	Mann-Whitney
税务风险管理制度水平	1	2	- 5.560	0.000	3 > 2，3 > 1
		3	- 6.457	0.000	
	2	1	- 5.560	0.000	
		3	- 1.800	0.072	
	3	1	- 6.457	0.000	
		2	- 1.800	0.072	

注：3 为注册资本 3 000 万元以上企业，2 为注册资本 500 万 ~ 3 000 万元企业，1 为注册资本 500 万元以下企业。

根据表 3 - 4 可知，在税务风险管理制度水平上，注册资本不同的企业渐进显著度明显。注册资本在 3 000 万元以上的企业，税务风险管理制度水平要比注册资本在 3 000 万元以下的企业高。

为了进一步分析造成不同注册资本企业税务风险管理制度水平差异的原因，接下来从企业税务风险管理的目标控制水平、岗位设置水平、识别评估水平、信息沟通水平、监督改进水平以及整体制度水平六个维度来综合分析。

表 3 - 5　不同注册资本企业的税务风险管理制度水平的特征

	500 万元以下	500 万 ~ 3 000 万元	3 000 万元以上	Mann-Whitney
	n = 675（M）	n = 380（M）	n = 234（M）	
目标控制水平	1.840 0	2.226 3	2.538 5	2 > 1，3 > 1
岗位设置水平	1.816 3	2.035 5	2.523 5	3 > 2 > 1
识别评估水平	5.885 9	7.226 3	7.888 9	3 > 2 > 1
信息沟通水平	5.453 3	5.826 3	5.337 6	2 > 1
监督改进水平	1.807 4	2.057 9	2.076 9	3 > 1，2 > 1
整体制度水平	16.803 0	19.372 4	20.365 4	3 > 2，3 > 1

由表 3 - 5 可以看出，不同注册资本企业的税务风险管理制度水平存在明显差异。相对于大企业而言，中小企业特别是注册资本低于 500 万元的小企业，在企业税务风险管理的目标控制水平、岗位设置水平、识别评估水平以及监督改进水平上，都显著低于注册资本在 3 000 万元以上的大企业。但在信息沟通水平上，中小企业与大企业没有显著区别，这是由于中小企业员工人数少，管理权相对集中，导致中小企业在涉税信息的沟通上，反而优于大企业。就中小企业本身而言，随着企业注册资本的增加，对于注册资本在 500 万 ~ 3 000 万元的中企业而言，所有相关税务风险管理制度的建设都有了显著提升，这说明注册资本越多的企业，规模相对来说也比较大，在税务风险管理制度的建设上比起小企业有所加强。特别是在企业税务风险管理的目标控制水平、信息沟通水平以及监督改进水平上，中企业与注册资本 3 000 万元以上的大企业相比并没有显著的区别，但在岗位设置水平以及识别评估水平上还明显低于大企业。

3.1.5 不同经营收入企业的税务风险管理制度水平差异分析

第一步，以企业税务风险管理制度水平为变量，通过描述性统计，分析不同经营收入企业的税务风险管理制度水平特征。

表 3 - 6 不同经营收入企业的税务风险管理制度水平统计结果

	N	Mean	Std. Deviation	Std. Error	Min	Max
500 万元以下	684	16. 897 7	7. 106 52	0. 271 72	0. 50	31. 00
500 万 ~ 5 000 万元	377	19. 086 2	6. 580 91	0. 338 93	3. 00	32. 00
5 000 万元以上	228	20. 682 0	6. 683 93	0. 442 65	1. 00	32. 00
总计	1 289	18. 207 1	7. 036 90	0. 196 00	0. 50	32. 00

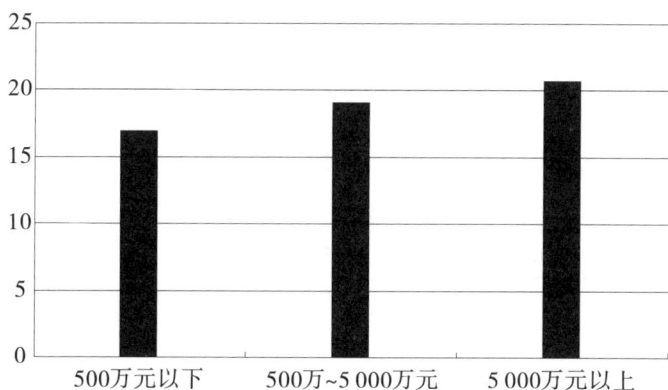

图 3 - 2 不同经营收入企业的税务风险管理制度水平

由表 3 - 6 及图 3 - 2 可知,不同经营收入企业的税务风险管理制度水平存在明显差异。

第二步,通过 Mann-Whitney U 检验结果进行分析,分析结果见表 3 - 7。

表 3 - 7 不同经营收入企业的税务风险管理制度水平 Mann-Whitney U 检验结果

企业经营收入			Z	Asymp. Sig	Mann-Whitney
税务风险管理制度水平	1	2	-4.735	0.000	3 > 2 > 1
		3	-6.936	0.000	
	2	1	-4.735	0.000	
		3	-3.033	0.002	
	3	1	-6.936	0.000	
		2	-3.033	0.002	

注:3 为经营收入 5 000 万元以上企业,2 为经营收入 500 万 ~5 000 万元企业,1 为经营收入 500 万元以下企业。

根据表 3 - 7 可知,在税务风险管理制度水平上,经营收入不同的企业渐进显著度明显;经营收入越高的企业,税务风险管理制度水平也越高。

为了进一步分析造成不同经营收入企业税务风险管理制度水平差异的原因,接下来从企业税务风险管理的目标控制水平、岗位设置水平、识别评估水平、信息沟通水平、监督改进水平以及整体制度水平六个维度来综合分析。

表 3 - 8　不同经营收入企业的税务风险管理制度水平的特征

	500 万元以下 $n = 684$（M）	500 万 ~ 5 000 万元 $n = 377$（M）	5 000 万元以上 $n = 228$（M）	Mann-Whitney
目标控制水平	1. 926 9	2. 159 2	2. 412 3	2 > 1, 3 > 1
岗位设置水平	1. 970 8	1. 935 0	2. 247 8	3 > 1, 3 > 2
识别评估水平	6. 013 2	7. 066 3	7. 842 1	3 > 2 > 1
信息沟通水平	5. 214 9	5. 893 9	5. 943 0	2 > 1, 3 > 1
监督改进水平	1. 771 9	2. 031 8	2. 236 8	2 > 1, 3 > 1
整体制度水平	16. 897 7	19. 086 2	20. 682 0	3 > 2 > 1

由表 3 - 8 可以看出，不同经营收入企业的税务风险管理制度水平存在明显差异。相对于大企业而言，中小企业特别是经营收入低于 500 万元的小企业，无论是目标控制水平、岗位设置水平、识别评估水平、信息沟通水平，还是监督改进水平、整体制度水平，都显著低于经营收入 5 000 万元以上的大企业。就中小企业本身而言，随着企业经营收入的增加，对于经营收入 500 万 ~ 5 000 万元的中企业而言，除了岗位设置水平以外，其他制度建设都有显著提升，这说明了中小企业随着经营收入的增加，虽然尚未设置完善的税务风险管理岗位，但在其他税务风险管理的制度建设上已经有所加强。特别是在目标控制水平、信息沟通水平以及监督改进水平上，中企业与经营收入 5 000 万元以上的大企业相比，并没有显著的区别。

3.1.6　分析与讨论

无论是从企业注册资本还是经营收入来分析，规模较大企业与规模较小企业的税务风险管理制度水平都存在显著差异，其中，经营收入越多的企业，税务风险管理制度水平也越高。研究假设 H_1 得到了证实。具体到目标控制水平、岗位设置水平、识别评估水平、信息沟通水平以及监督改进水平上，规模较大的企业与规模较小的企业也都存在显著差异。特别是在税务风险的识别评估水平上，无论是从注册资本还是经营收入来分析，规模越大的企业，其税务风险的识别评估水平越高。研究假设 H_2、H_3、H_4、H_5、H_6 得到了证实。同时，根据定量分析的结果，上述维度中，识别评估水平是差异最为显著的一个维度。这也表明与大企业相比，小企业在税务风险管理的各个环节中，其税务风险识别与评估能力最为薄弱，也是最需要提升的一个环节。

3.2　中小企业税务风险管理意愿的研究

　　企业进行税务风险管理是一种预防税务风险给企业造成损失的自我保护行为。是否有效地管理税务风险，反映了企业在主观上是否愿意采取这种保护行为。因此，中小企业是否意识到管理税务风险的重要性，是否有意愿进行税务风险管理，直接决定了其税务风险管理的水平。目前，在关于企业税务风险管理动机的研究中，国内外还缺乏一种科学、完善的研究理论和方法，特别是实证研究的模型几乎没有。近年来，广泛应用于医学、社会行为、环境保护、企业管理、食品安全等领域的保护动机理论（Protection Motivation Theory，简称PMT 理论），为研究者研究个体的自我保护行为提供了新的研究思路，也为关于企业税务风险管理意愿的实证研究提供了理论基础。

3.2.1　研究模型的建立

3.2.1.1　PMT 理论的基本内容以及发展

　　1975 年，Ronald W. Rogers 首次提出了 PMT 理论。他认为，恐惧诉求包含三个关键因素：一是描述事件有害的严重性；二是该事件发生的可能性；三是保护性反应的效率。这三个关键因素引起相应的认知评估过程进而引起态度改变。PMT 理论确定了一组在恐惧诉求和调解建议接受度的认知过程中的关键刺激变量。①

　　1983 年，James E. Maddux 和 Ronald W. Rogers 对 PMT 理论和自我效能理论的整合模型进行了测试，将自我效能作为保护动机理论的第四个成分，结果表明自我效能对意向有着直接影响，整合 PMT 理论和自我效能理论的模型可以作为态度改变的一般模型。② 加入了自我效能之后，PMT 理论预测和理解恐

---

　　①　RONALD W ROGERS. A protection motivation theory of fear appeals and attitude change ［J］. The journal of psychology，1975（91）：93 – 114.

　　②　RONALD W ROGERS. Social psychophysiology：a sourcebook［M］. New York：Guilford Press，1983：153 – 177.

惧诉求对于劝说的影响能力大大提升了。

1996 年，Boer 和 Seydel 确定了该理论的框架：信息源、认知调节过程以及应对模式。信息源是指外在环境因素与内在个体特征。认知调节过程包括威胁评估（Threat Appraisal）和应对评估（Coping Appraisal）两个方面。威胁评估主要组成部分为严重性（Severity）与易感性（Vulnerability）。应对评估主要组成部分则为反应效能（Response Efficacy）与自我效能（Self Efficacy）。[①] 在这两个评估的基础上，个体选择应对模式——是否产生保护意愿（Protection Willingness），进而采取保护行为（Protection Behavior）。[②] 具体框架见图 3 – 3。

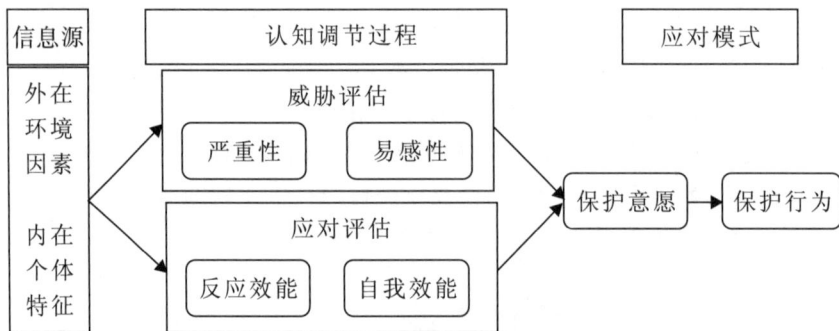

图 3 – 3　PMT 理论框架示意图

在信息源的刺激下，个体首先会对面临的潜在危险进行威胁评估。在威胁评估过程中，提升个体保护意愿的因素是威胁的严重性和易感性（可能性）。严重性是指个体感知到威胁事件的严重程度。例如吸烟会导致肺部疾病；企业在生产过程中造成污染会受到政府的处罚等。易感性是指威胁事件发生在个体身上的可能性。例如吸烟会导致肺部患病的概率；企业的污染排放遭到政府处罚的可能性等。

在进行了威胁评估以后，个体会对自己能采取的预防措施进行应对评估，即应对评估是个体避免和应对威胁的能力。提升个体保护意愿的因素是反应效能和自我效能。反应效能是指个体采取保护行为对避免或者减轻威胁的有效

---

① TANNER E DAY, M R CRASK. Protection motivation theory: an extension of fear appeals theory in communication [J]. Journal of business research, 1989, 19 (4): 267 – 276.

② 刘彩. 基于保护动机理论的农村居民乙肝疫苗接种意愿和接种行为研究 [D]. 济南：山东大学, 2016.

性。例如停止酗酒是防止酗酒有关威胁的有效手段，购买电动车可以减少对环境的污染等。自我效能是指个体执行保护行为的能力。例如个体能停止酗酒，个体拥有购买电动车的能力等。PMT 理论假设上述四个个体认知因素是个体保护意愿的线性函数。①

综合 PMT 理论的模型及其各变量的概念描述，该理论描述了个体从认识到威胁、产生"恐惧"，并由此建立保护意愿和行为的过程。个体对潜在的威胁因素进行评估，包括产生危害的程度、可能性以及个体对其做出的反应和自我效能，来决定以何种态度和行为应对威胁。

3.2.1.2 PMT 理论的应用范围

PMT 理论的提出源于对健康保护行为的研究。随着发展与完善，近年来该理论在其他领域也发挥了重要作用，包括医学、社会行为、企业管理、环境保护、食品安全等领域，其应用方式也在不断丰富。

将 PMT 理论应用于中小企业税务风险管理意愿的研究是可行的。首先，中小企业进行税务风险管理的行为符合 PMT 理论中保护自身免受威胁伤害的理论特征。税务风险管理行为作为企业应对税务风险的反应，有利于企业规避税收法规、经营环境等方面对企业造成的威胁，可以看作企业应对税务风险威胁的解决方案。其次，我国的中小企业，特别是小微企业的企业主既是投资者又是管理者，组织结构以集权制为主，管理层次少，甚至未设立专门的管理决策机构，大部分决策由企业主做出。这使得中小企业在面临企业重大经营决策时，几乎完全依靠企业主这个个体的判断来决定，这就基本符合了 PMT 理论分析个体意愿及行为的特点。最后，在企业管理领域已经有研究者应用 PMT 理论进行实践研究。故将 PMT 理论应用于中小企业税务风险管理意向研究是值得尝试的，这对于丰富企业风险管理行为研究理论基础和方法以及提升 PMT 理论在企业管理领域的适用性有重要意义。

3.2.1.3 本书模型的建立

综合前文对 PMT 理论和应用的文献综述，可以发现 PMT 理论适用于中小企业税务风险管理意愿研究，可以据此构建研究模型，将 PMT 理论的各个变量分解到企业的各个认知指标上，并细化到问卷各道问题中，从而进行中小企业税务风险管理意愿实证性研究。具体的模型框架如图 3 - 4 所示：

---

① TANNER E DAY, M R CRASK. Protection motivation theory: an extension of fear appeals theory in communication [J]. Journal of business research, 1989, 19 (4): 267 - 276.

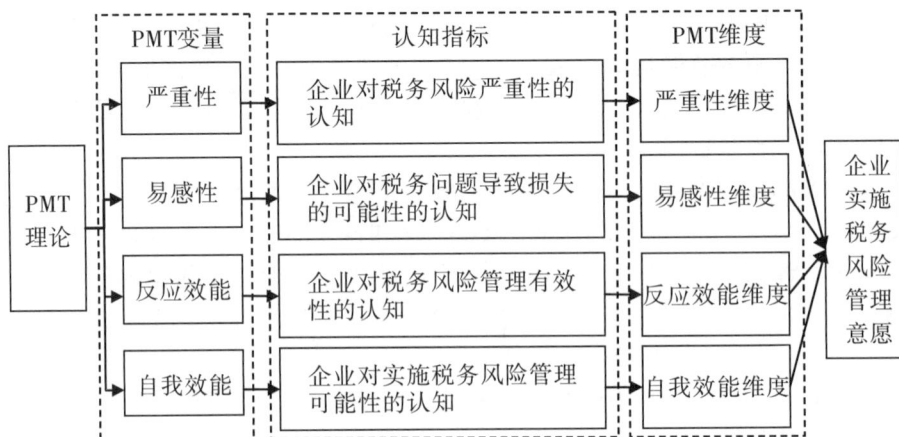

图 3 - 4　企业税务风险管理意愿影响模型框架

在该理论模型中，企业是否有进行税务风险管理的意愿，受到企业对税务风险的严重性和易感性的认知，以及受实施税务风险管理的有效性和可能性的影响。同时，企业对税务风险管理的认知还受到企业规模、所在行业、经营年限、所在地域、所有制类型等因素的综合影响。通过引入 PMT 理论，并结合企业规模、所在行业等控制变量，来探索 PMT 理论各维度（严重性维度、易感性维度、反应效能维度、自我效能维度）的变量与企业税务风险管理意愿的关系以及作用程度。

（1）企业对税务风险严重性的认知。

在 PMT 理论中，严重性是指个体感知到威胁事件的严重程度。企业对税务风险严重性的认知是指，企业知道生产经营中的税务问题会产生何种程度的后果，包括因违反税收规定而被政府处罚、不熟悉税收政策而多缴税款、因税收问题被曝光而影响企业声誉等。只有当企业认识到税务风险的严重性，才会产生恐惧。

（2）企业对税务问题导致损失的可能性的认知。

在 PMT 理论中，易感性是指威胁事件发生在个体身上的可能性。企业对税务问题导致损失可能性的认知是指，企业因为税务问题而造成各种损失的可能性，包括企业对自身暴露在税务风险下的认识，例如周边企业被税务机关处罚、因税务问题影响自身生产经营的频率等。企业对税务风险严重性和易感性的评价越高，则具有自我保护意愿的可能性就越大。

（3）企业对税务风险管理有效性的认知。

在 PMT 理论中，反应效能是指个体采取某种保护行为对避免或者减轻威胁的有效性。企业对税务风险管理有效性的认知是指，企业实施税务风险管理能有效地预防税务风险造成损失的可能性。只有相信企业实施税务风险管理的作用、认为税务风险管理对于企业必不可少，企业才会有意愿去实施这项行为。如果企业不相信税务风险管理的有效性，则不一定会产生税务风险管理意愿。

（4）企业对实施税务风险管理可能性的认知。

在 PMT 理论中，自我效能是指个体执行保护行为的能力。企业对实施税务风险管理可能性的认知是指，企业对自身是否能顺利实施税务风险管理并获得预期结果的评估。借鉴美国 COSO 委员会发布的《框架》，企业的风险管理应包括管理组织、风险的识别与评估、信息沟通、风险应对、日常监督等要素。税务风险作为企业生产经营管理中的一种风险，可以参照以上管理要素进行管理。因此，企业对实施税务风险管理可能性的认知可以按照《框架》的管理要素进行分解，即企业对设置税务风险管理组织、税务风险识别与评估、涉税信息沟通机制、税务风险应对系统以及税务风险管理日常监督机制可能性的认知。在该模型中，企业对自我效能的认知也可以理解为在实施上述管理要素的同时，虽然会给企业带来成本的增加、人员的消耗，但企业相信自身能克服这些阻碍因素，顺利实施税务风险管理的主观感受。

3.2.2　研究方法

3.2.2.1　问卷设计

（1）自变量的确定。

依据 PMT 模型的研究框架，企业的认知变量维度共有四个，分别是严重性维度、易感性维度、反应效能维度以及自我效能维度。在以往的 PMT 理论文献中，由于 PMT 理论研究的行为并不单一，各种行为所面临的威胁及环境也不一样，所以 PMT 理论并未形成量表定式，而是根据访谈或调查来构建量表。因此，本模型中的四个变量维度所涉及的量表，是在理论研读的基础上，通过访谈来确定的，具体的理论基础来源于 James E. Maddux 和 Ronald W. Rogers 对保护动机理论各变量的定义[①]，以及 M. Bockarjova 和 L. Steg 的研

---

① EWART C K. Role of physical self – efficacy in recovery from heart attack [M] //R SCHWARZER. Self efficacy: thought control of action, 1992: 287 – 304.

究成果①。

（2）控制变量的确定。

应用 PMT 理论主要是在企业认知水平上对税务风险管理意愿进行评价，是一项系统工程，许多因素都可能会产生影响。② 根据前期研究表明，企业的规模、所有制类型等因素都会对企业的税务风险管理意愿产生一定影响。本模型在前期研究的基础上，对所有影响因素进行归纳总结，设定了企业收入规模、所属行业、所在地域、经营年限、企业类型五个控制变量，并引入最终的回归模型中。

（3）问卷题目的确定。

邀请多名企业专家、教授、博士研究生召开研讨会，对问卷设计思路反复论证。同时，还将问卷发给企业试填，并根据试填情况修改问卷，最终设计了17 道陈述较为简练、清晰、无歧义的问卷题目，再加上自变量的 5 道题目，最终形成了 22 道题目的《中小企业税务风险管理意愿调查问卷》（见附录 3）。

（4）PMT 理论各变量问题的赋值。

在完成了本模型量表开发设计后，企业税务风险管理意愿调查问卷也基本成型了，接着为每个 PMT 维度设计相应的测量条目，具体赋值情况见表 3 – 9。所有条目采用李克特 5 级量表（Likert Scale）进行赋值，根据测量的概念将每个测量条目划分为五个级别，依次赋值1 ~ 5分。根据样本企业各个项目的分数计算代数和，得到样本企业态度的总得分。

---

① M BOCKARJOVA, L STEG. Can protection motivation theory predict pro-environmental behavior? explaining the adoption of electric vehicles in the Netherlands ［J］. Global environmental change, 2014 (28)：276 – 288.

② 刘彩. 基于保护动机理论的农村居民乙肝疫苗接种意愿和接种行为研究 ［D］. 济南：山东大学，2016.

表 3 - 9 **PMT 各变量的测量条目和赋值情况**

PMT 变量	代码	测量条目	赋值情况
严重性	Sev1	5. 您企业会因为违反国家税收法律和法规被政府处罚，从而遭受经济上的损失吗？	不会造成损失—会造成非常严重的损失：1~5分
	Sev2	6. 您企业会因为违反国家税收法律和法规，从而导致声誉上的损失吗？	不会造成损失—会造成非常严重的损失：1~5分
	Sev3	7. 您企业会因为不熟悉税收法律和法规多缴纳税款，从而造成经济上的损失吗？	不会造成损失—会造成非常严重的损失：1~5分
	Sev4	8. 缺乏对税收合理的筹划与管理，会导致您企业发展受阻吗？	完全没有影响—会有非常大的影响：1~5分
	Sev5	9. 税收上的损失会导致您企业出现经营问题吗？	完全不会—会导致出现严重的问题：1~5分
易感性	Vul1	10. 在您企业的税务风险管理体制不变的前提下，您觉得将来被税务机关处罚的概率是？	完全不可能——一定会发生：1~5分
	Vul2	11. 在您企业的税务风险管理体制不变的前提下，您觉得在将来多缴冤枉税的概率是？	完全不可能——一定会发生：1~5分
	Vul3	12. 据您所知，近年来在您周边被税务机关处罚的企业有所增加吗？	完全没有—大量增加：1~5分
	Vul4	13. 您企业因为税务问题影响过生产经营吗？	从未有过—非常频繁的影响：1~5分

（续上表）

PMT 变量	代码	测量条目	赋值情况
反应效能	Res1	14. 如果您企业实施税务风险管理，您觉得能够降低企业受到税务机关处罚的概率吗？	绝对不可能——一定会大幅降低：1~5分
	Res2	15. 如果您企业实施税务风险管理，您觉得可以减少企业多缴的冤枉税吗？	绝对不可能——一定会大幅减少：1~5分
	Res3	16. 您周边的企业有进行税务风险管理的吗？	完全没有—非常普遍：1~5分
	Res4	17. 您觉得企业发展过程中进行税务风险管理是必不可少的吗？	一定需要—绝对不需要：5~1分
自我效能	Sel1	18. 您企业能够安排专门的人员或部门来管理税务风险吗？	完全不可能——一定会安排：1~5分
	Sel2	19. 您企业能够有效识别与评估税务风险吗？	完全不可能—肯定能够识别与评估：1~5分
	Sel3	20. 您企业内部财务与业务部门之间的涉税信息沟通顺畅吗？	完全不顺畅—完全没有障碍：1~5分
	Sel4	21. 您企业能够针对税务风险采取应对（改进）措施吗？	完全不可能——一定能采取应对措施：1~5分

3.2.2.2 样本选择

本书实证调研的对象为广东省的 372 家企业，调研通过两个渠道实施：一是通过"问卷星"网站发布并回收问卷。二是通过广东省两家税务师事务所随机发放并回收问卷。372 家企业涵盖了制造业、建筑业、批发和零售业、信息技术服务业、商业服务业、教育业等 15 个行业。在全部填写的 372 份问卷中，有效问卷 369 份，有效回收率为 99.19%。有效问卷中，2015 年营业收入在 1 000 万元以下的企业有 252 家，占总样本数的 68.29%；经营年限在 10 年以内的有 272 家，占总样本数的 73.71%；民营企业有 227 家，占总样本数的 61.52%。由此可见，此次调研的主要对象为广东省的民营中小企业。

3.2.3 研究结果

3.2.3.1 信度检验

对"问卷星"网站回收的 75 份有效问卷采取折半信度计算，其中问题 Res4 采用反向设置。经计算，Cronbach 系数为 0.839 6，说明内部一致性相当好，问卷题目设置合理。

3.2.3.2 回归结果

在通过信度检验的基础上，对全部 369 份有效问卷进行回归分析。由于每个维度都设置了相近的题目，题目之间可能存在一定的重叠，变量之间存在比较明显的多重共线性。因此采用逐步剔除法，在保证每个维度至少有一道题目的前提下，逐步将不显著的题目变量剔除，最终可得回归结果见表 3 - 10：

表 3 - 10   PMT 模型回归结果

变量名称	*Pearson Correlation*	*z - value*
企业收入规模（年度营业收入 1 000 万以下）	0.579 6 *	- 0.319 8
所属行业（制造业）	0.351 4	0.308 7
企业类型（国有企业）	0.346 2	0.459 0
严重性 Sev2	0.378 7 * * *	0.138 3
严重性 Sev5	0.277 4 *	0.152 9
易感性 Vul2	0.036 4	0.127 4
反应效能 Res2	0.379 7 * * *	0.128 8
反应效能 Res3	0.827 1 * * *	0.134 2
反应效能 Res4	- 0.996 5 * * *	0.147 5
自我效能 Sel2	0.222 0 *	0.125 3

其中：$R^2 = 0.267\ 3$，$CHI = 148.64$，$p = 0.000\ 0$。* 代表相关性程度，越多相关性越强。

从回归结果可以看出：

（1）企业收入规模与企业税务风险管理意愿显著正相关，说明规模较小企业的税务风险管理意愿相对较弱。

（2）企业所属行业与企业类型变量统计均不显著，说明企业所属行业并没显著地影响其税务风险管理意愿。同时，企业类型也对企业的税务风险管理意愿没有显著影响。

（3）在严重性维度上，企业担忧声誉上的损失以及经营上存在的问题，这都是显著正向影响企业税务风险管理意愿的因素。总的来说，严重性维度是影响企业税务风险管理意愿的一个显著因素。

（4）在易感性维度上，所有的题目都不显著，因此易感性维度并未能显著影响企业税务风险管理意愿。

（5）在反应效能维度上，税务风险管理对于减少企业缴纳冤枉税的有效性、周边企业进行税务风险管理情况以及企业对税务风险管理必要性的认可程度，都显著正向影响企业税务风险管理意愿。

（6）在自我效能维度上，能否安排专门的人员来管理税务风险与企业税务风险管理意愿显著正相关，说明企业对税务风险进行有效的识别与评估，是中小企业实施税务风险管理的前提。

3.2.4 分析与讨论

影响中小企业税务风险管理意愿的原因既包括企业自身因素，也包括企业所处的外部环境因素。因此要整体提升中小企业税务风险管理水平，一方面需要当地政府加大宣传力度，提升针对中小企业纳税人的纳税服务水平；另一方面还需要第三方机构的介入与帮助。具体的政策干预建议如下：

（1）以 PMT 理论为基础，深入开展形式多样化的企业税务风险培训与宣传。

基层税务管理机关要加强对纳税人的宣传，利用典型案例来进行教育，提高中小企业对税务风险的认识，加强自身管理税务风险的意识，提高税务风险管理水平。[①] 在宣传的过程中，要以 PMT 理论中的威胁评估与应对评估为抓手，从税务风险的严重性、税务风险管理的反应效能与自我效能等角度进行宣传。例如，税务风险的严重性会导致企业出现重大的经济损失、企业进行税务风险管理的效果比对以及企业操作的可行性分析等。

（2）鼓励第三方机构为中小企业提供税务风险管理外包服务，提升企业的反应效能。

根据实证分析结果，反应效能维度对中小企业税务风险管理意愿影响最为显著。因此，可以利用第三方机构客户覆盖面广、信息渠道顺畅等特点，定期举办专题培训，让中小企业的财务人员、企业主深入了解企业税务风险及其管

---

① 罗威. 中小企业税务风险管理研究［D］. 广州：暨南大学，2012.

理的有效性，通过提升企业的反应效能来提升企业税务风险管理意愿。在中小企业管理能力以及人力资源成本既定的情况下，第三方机构还应尽可能为中小企业提供税务风险管理的咨询及外包服务，帮助提升中小企业抵抗税务风险的能力，让中小企业认为进行税务风险管理不再是一件费钱、费时、费力的事情，从而大幅度提升其自我效能，最终整体降低中小企业的税收成本、提升其综合竞争力。

（3）开发可操作性较强的税务风险识别与评估系统，帮助提升企业的自我效能。

根据实证分析结果，自我效能维度对中小企业税务风险管理意愿影响也较为显著。在影响自我效能的因素中，税务风险的识别与评估则是重要的一个因子。由于中小企业管理成本、人员素质等条件的限制，其自身很难运用过于复杂的税务风险识别与评估系统，这也是导致中小企业税务风险管理意愿较低的重要原因之一。但如果能够开发出操作性、实用性较强，简单易懂且适用于中小企业的税务风险识别与评估系统，无疑将大大提升中小企业自身的税务风险识别与评估能力，从而显著地提升中小企业税务风险管理意愿。

3.3 小结

本章以广东省中小企业为研究对象，对其税务风险管理意愿以及税务风险管理制度的现状进行了实证分析。

参照美国 COSO 委员会发布的《框架》的主要内容，并利用 AHP 层次分析法构建了企业税务制度水平量化评价体系。通过问卷调查，对广东省部分样本企业的问卷调查数据进行回归分析。分析结果显示，企业的注册资本、经营收入、经营年限等特征变量与企业的税务风险管理制度水平均存在正相关关系，规模小、经营年限短的企业往往税务风险管理制度水平较低。特别是在税务风险的识别与评估水平上，无论是从注册资本还是从经营收入来分析，规模越小的企业，其税务风险的识别与评估水平越低。

将 PMT 理论应用到企业的税务风险管理领域中，对中小企业税务风险管理意愿进行了研究。通过问卷调查，在控制了企业收入规模、所属行业、经营年限、所在地域、企业类型等相关变量后，对样本数据进行了回归分析。研结果显示企业收入规模显著地与企业税务风险管理意愿呈正向相关。同时，企业对税务风险管理的易感性、严重性、反应效能以及自我效能的认知都显著地影响其税务风险管理意愿。这就说明了，可以通过多样化的企业税务风险培训与宣传、鼓励第三方机构为中小企业提供税务风险管理外包服务、开发可操作性较强的税务风险识别与评估系统等手段来帮助中小企业提升其税务风险管理意愿。

本章实证分析的结果，为后文构建中小企业税务风险管理体系以及设计开发税务风险评测系统提供了一定的参考依据。

4

中小企业税务风险管理体系的构建

本章基于美国 COSO 委员会发布的《框架》，将中小企业税务风险作为企业日常经营风险的一种，通过构建中小企业税务风险管理体系，以期帮助中小企业有效地控制税务风险。

4.1 中小企业税务风险管理体系框架

2004 年 9 月，美国 COSO 委员会正式发布的《框架》中明确了企业风险管理的八个组成要素：内部环境、目标设定、事项识别、风险评估、风险应对、控制活动、信息沟通以及监督。整个风险管理过程环环相扣，以内部环境为平台和基础，企业通过制定科学的风险管理目标并根据确定的目标，对可能影响到该目标实现的风险进行识别，在识别的基础上再通过对各项风险的评估，明确各项风险的所属类型，并有针对性地制定应对措施。整个风险管理的过程都离不开信息沟通、监督两个要素，它们对其他各要素可以随时进行修正。企业风险管理的这八个要素是一个有机整体，彼此间相互作用、相互影响。本书将中小企业税务风险也视为企业日常经营风险的一种，并参照《框架》给出的企业风险管理体系，构建中小企业税务风险管理流程，具体可参考第二章的图。

4.2 中小企业税务风险管理目标

中小企业的税务风险不同于投资风险等其他经营风险。一般的经营风险是非法律性的，通常企业在承担风险的同时还存在获得相应收益的可能性，因此企业可以通过风险评估来决定是否承担某项经营风险，并制定该项风险的应对措施。而税务风险属于法律性风险，从法律角度来说，企业必须遵守法律"照章纳税"，因此，企业税务风险管理目标应该是"零风险"。但实际上，将"零风险"设定为中小企业税务风险管理目标往往很难实现。对中小企业而言，由于税务风险意识较弱、市场竞争压力大，为了争取市场份额、拓宽产品销路，很多企业不考虑税收成本，甚至宁愿承担一定的税务风险来换取企业生存空间。因此，从整体经营的角度考虑，这些企业也可以选择在一定程度上保留税务风险，并制定相应的风险应对措施。例如，中小企业业务人员没能识别假发票，导致收取了假发票且已入账，违反税收规定；或者企业内部各部门之间缺少沟通导致的博弈结果；或者企业管理混乱而导致某些涉税的原始凭证缺失；或者企业没有来得及或没有能力理解税收法规的变化等，这些都可能给企业带来税务风险。所以，"零风险"不是一个简单的主观上是否依法纳税的意识问题，而是一个复杂的税务风险管理问题，是一个管理是否到位、管理的素质和水平是否适应以及管理是否规范的系统性问题。

本书认为，中小企业税务风险管理目标不应是"零风险"，而应是在树立依法纳税意识的基础上，通过企业内外部信息的充分沟通，对潜在的税务风险进行识别与评估，最大限度减轻税务风险给企业造成的影响，并通过预先设定的应对策略及时处理税务问题，有针对性地对企业生产经营流程提出改进的建议。

4.3　中小企业税务风险管理组织的构建

虽然《指引》的发布，对于大企业税务风险管理组织的构建起到了显著的指导作用，但对中小企业而言存在很大的局限性。《指引》中对大企业在税务风险管理组织构建方面的建议主要包括：总分机构或集团型企业，应在分支机构或地区性总部、下属企业分别设立税务部门或管理岗位。其主要职责为制定税务风险管理制度、参与企业战略规划、识别与评估以及应对税务风险、组织税务培训等。但中小企业所处的发展阶段不同，其自身的管理水平参差不齐，不具备大企业那么完善的内部管理制度。因此，如何构建中小企业税务风险管理组织，应根据实际情况来判断，既要考虑到中小企业的类型、规模等外在特征，也要考虑到中小企业的纳税特点、企业文化等内在特征，在企业决策层充分认识到税务风险管理的重要性和必要性的基础上，根据企业自身特点来建立税务风险管理组织。

4.3.1 中小企业税务风险管理组织的设置

（1）聘请税务顾问进行专项管理。

这种模式一般适用于小企业或新办企业。因为这类企业员工人数少、规模较小、业务较单一且企业的涉税业务工作量不大，安排专门人员来进行税务风险管理成本较高。有的中小企业虽然自身配有办税人员，基本可以应对日常相对简单的纳税事务，但遇到稍复杂一些的涉税业务，特别是之前没有接触过的新业务时，办税人员凭自身力量就难以有效地识别与评估税务风险。所以，可以聘请专家担任企业税务顾问，根据企业各项业务进展定期进行专项的税务风险评估，并随时为企业遇到的税务难题提供税务咨询帮助。这对于小企业或新办企业来说也是一种有效且经济的税务风险管理组织。

（2）设立专职税务风险管理岗位或管理部门。

对于规模较大的中企业，应在企业内部设立专职税务风险管理岗位或管理部门，充分发挥税务和财务间的职责分工和制衡机制。对这类企业而言，涉税业务种类较多且相对比较复杂，因此企业面临的税务风险也相对较大，需要由专门的部门或人员来进行管理。另外，由于税务风险管理需要贯穿于企业生产经营的每一个环节，因此，需要各个部门之间的全力协同与配合。相对独立的税务管理部门或岗位，要在企业中树立一定的权威性，落实各项税务风险管理制度。中小企业在设立专职税务管理岗位或管理部门时，应注意以下三点：一是要以税务风险管理目标为主导，配合目标设定并明确工作职责；二是税务风险管理的相关岗位应相互分离、制约和监督；三是税务风险管理的相关工作人员应具备必要的专业资质、良好的业务素质和职业操守。

4.3.2 中小企业税务风险管理组织的职责

具体来说，专职税务管理岗位或管理部门的职责应包括以下几个方面：

（1）为企业重大决策提供税务风险管理参考。

包括参与企业重大经营决策与计划的制订，确保企业重大经营决策中涉税问题的协调与匹配，对企业重大经营项目的税负进行详细测算并提出相应的税务风险应对策略和建议等相关事宜。

（2）为企业收集并传递税收相关信息。

包括及时收集与研究各种税收法规、政策等，将最新变更的税收法规、政策向企业各相关部门通报并予以解释，以便各部门全体员工都能参与税务风险管理，并负责企业税法知识普及和其他相关事项等。

（3）对企业日常生产经营进行税务风险管理。

包括拟定企业税务风险防范措施，制订年度纳税筹划方案并监督相关部门的实施情况，审核企业生产经营中各个涉税业务环节的合同，对企业日常经营项目的税负进行详细测算，实时监控企业日常经营活动中的各个涉税环节，负责制定并监督实施企业的发票管理细则等相关事宜。

（4）为企业办理日常涉税业务。

包括直接进行企业的纳税申报以及税款缴纳，领购企业纳税登记证及发票，负责办理税收抵免、出口退税、减免税优惠申请等相关事宜。

（5）为企业处理外部涉税问题。

包括协助税务机关进行各项调查、询问及答复等事项，办理税务行政复议及行政诉讼等相关事宜。

4.4 中小企业税务风险识别和评估系统的构建

《指引》的发布，对于大企业税务风险识别和评估系统的构建起到了一定的指导作用，但对中小企业而言存在很大的局限性。其原因在于，《指引》中对于大企业税务风险识别和评估的指导建议比较抽象，这是由于大企业管理人员素质较高，且对其他类型风险的管理与控制已有了较为完善的技术和制度支持。因此，对大企业而言，只需要管理层加强税务风险意识，在税务风险管理中运用已有的信息技术及配套的风险识别与评估制度，就能对税务风险进行有效的识别与评估。但对中小企业而言，由于其本身风险管理制度就不健全，缺少风险识别与评估的经验与技术，《指引》中的相关指导建议对于中小企业来说就显得过于抽象，因此需要为中小企业提供更为简明、具体的指导建议。

4.4.1 中小企业税务风险识别

根据本书文献综述的结论以及实证分析的结果，对于中小企业而言，税务风险识别是企业进行税务风险管理的前提条件，也是最重要的基础工作，税务风险的识别与评估更是整个税务风险管理体系中的重中之重。中小企业要进行税务风险管理，必须首先明确自身的税务风险在哪里，因此先要进行税务风险的识别，并且评估这些税务风险的严重程度。如果无法准确地识别各种税务风险，也就不可能知道企业存在的税务风险是什么，其危害程度有多大，更不可能采取事先的防范措施来控制税务风险。在税务风险的识别和评估过程中，将使中小企业认清其面对的税务风险发生的可能性以及该项税务风险可能造成的损失程度。

税务风险识别是一个动态的、连续的过程，需要中小企业根据环境的不断变化而持续进行。随着客观环境的变化，中小企业面临的税务风险有可能改变性质，甚至出现新的税务风险。因此，要减少企业的税务风险，就必须持续不断地进行税务风险的识别。中小企业必须将税务风险的识别工作常态化，并作为一项长期的制度，使税务风险识别工作制度化。

参照《框架》对于风险识别的要求，税务风险可以分为内部风险与外部风险。内部风险是中小企业税务风险的主要来源，与企业的生产经营息息相关，识别起来比较容易，且可控制性较强。中小企业应将税务风险的识别与评估重点放在这一类税务风险上。这类风险产生于中小企业日常的生产经营之中，例如经营决策、生产销售以及利润分配环节，并且可以通过相关的财务报表数据进行分析与识别。对中小企业内部风险的准确识别，能帮助中小企业将税务风险保持在可以接受的范围内。

4.4.2　中小企业税务风险评估

参照《框架》对于风险评估的要求，可以采用定性与定量相结合的办法来评估税务风险。但需要注意的是，不论是采用定性评估方法还是定量评估方法，其本身都有一定的适用范围。但对于中小企业而言，一是由于其人员素质、管理水平的限制，内部管理控制机制的不够完善，采用定性评估的难度较大。二是由于外部税务风险主观因素较大，很难进行量化评估。因此应将重点放在企业内部风险，并通过企业已经产生的财务数据来评估其税务风险。三是由于中小企业的财务报表相对大企业而言较为明晰，数据来源简单，可以更直接地反映潜在的税务问题。因此，中小企业比较现实的做法是采用一套简易、实用的税务风险评估系统对企业内部风险进行定量评估。

定量评估是指用数量方法描述税务风险发生可能性的高低以及造成损失程度的大小。在定量评估中对税务风险发生的可能性需要用具体数值来表示，而对可能造成损失的程度则用风险的严重性来衡量。一般来说，如果可以获取充分的信息及数据来估计税务风险的可能性或造成的损失，就可以采用定量评估方法。定量评估通常能够带来更高的精确度，因此往往应用于比较和选择风险的活动中。由于中小企业内部生产经营数据的获取较为容易，定量评估方法可以适用于对中小企业内部风险的评估。比较常用的定量评估方法主要有 AHP 层次评估法、税务风险指标法等。在进行税务风险定量评估时，首先要制定各种税务风险的度量单位以及度量模型，并通过测试确保定量评估模型的假设前提、数据来源、各项参数和评估程序的准确性与合理性。同时，要根据实际经营环境的变化，定期对定量评估模型的假设前提及各项参数进行修改和完善，并将实际效果与定量评估模型的估算结果进行比对，据此对有关模型进行调整和改进。本书主要基于 AHP 层次评估法、税务风险指标法对中小企业内部风险进行量化评估，在下一章将详细阐述中小企业税务风险评测系统的开发。

此外，中小企业在进行税务风险评估时，应当由企业税务风险管理员或者财务部门委派专人，或者从企业外部聘请税务专家来进行评估工作，以确保税务风险评估结果的准确性。

4.5　中小企业税务风险应对系统的构建

《指引》中对于大企业税务风险应对策略的建议并不多，主要是建议大企业根据税务风险的不同特征，采取人工控制或自动化控制机制，依据税务风险发生的规律和重大程度，来制定相应的应对策略。但对于具体控制机制如何建立，税务风险发生的规律如何掌握，风险的重大程度如何判断，都没有明确的说明。对于中小企业而言，企业本身的内部控制机制不健全，对不同类型的税务风险既没有判断区分的标准，也没有制定应对策略。这就使得本来就匮乏的税务风险管理资源无法发挥最大的作用，即使是对于已经识别出来的税务风险也束手无策。因此，需要为中小企业制定一套行之有效的税务风险应对系统，帮助中小企业合理地分配税务风险管理资源。在中小企业日常生产经营过程中，税务风险是客观存在的，必须通过税务风险应对系统来帮助中小企业应对税务风险。税务风险应对系统应包括两个部分：第一部分是在充分考虑企业管理层的风险偏好的基础上，针对不同类型的税务风险，制定不同的应对措施，以保证将税务风险发生的概率和影响力控制在企业的承受范围之内。企业选择的税务风险反应方案主要包括风险减轻、风险避免、风险控制以及风险转移。

第二部分是总结与修正，通过及时总结、反馈税务风险处理过程中发现的问题，帮助企业修正和完善税务风险管理或其他相关的管理制度。这两个部分的内容可以分为三个子系统，即税务风险处理子系统、税务风险总结子系统以及制度修复子系统。如图 4-1 所示：

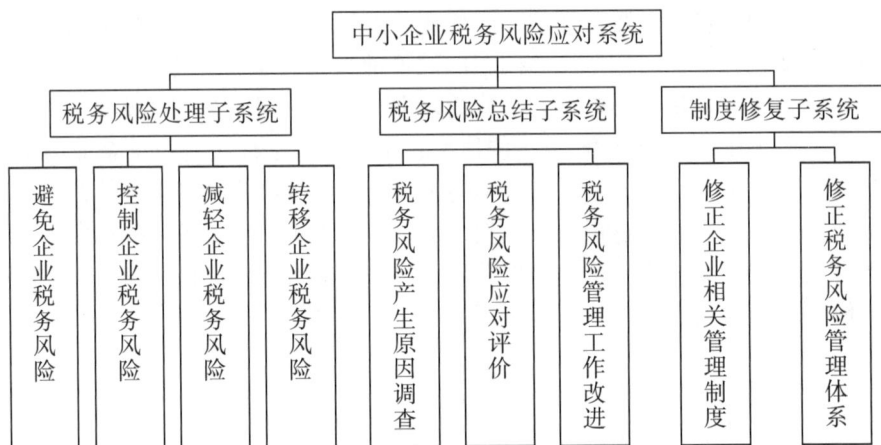

图 4-1　中小企业税务风险应对系统

4.5.1　税务风险处理子系统

可以采用四种应对策略来处理企业的各项税务风险，具体包括避免企业税务风险、控制企业税务风险、减轻企业税务风险以及转移企业税务风险。中小企业应评估各项税务风险发生的可能性及影响程度，评估时重点考虑以下三方面：一是方案执行成本及可行性；二是风险可能带来的影响结果；三是对各个方案进行充分对比。在完成税务风险的评估后，企业根据自身的情况选择合适的方案。由于各项税务风险发生的概率以及影响程度均不相同，可以按照税务风险发生的概率以及影响程度构建一个四维空间图（见图 4-2），并分别采取四种不同的应对策略：对于发生概率高，并且影响程度小的税务风险，对应的策略是风险减轻；对于发生概率低，并且影响程度也小的税务风险，对应的策略是风险控制；对于发生概率高，并且影响程度也大的税务风险，对应的策略是风险避免；对于发生概率低，并且影响程度大的税务风险，对应的策略是风险转移。

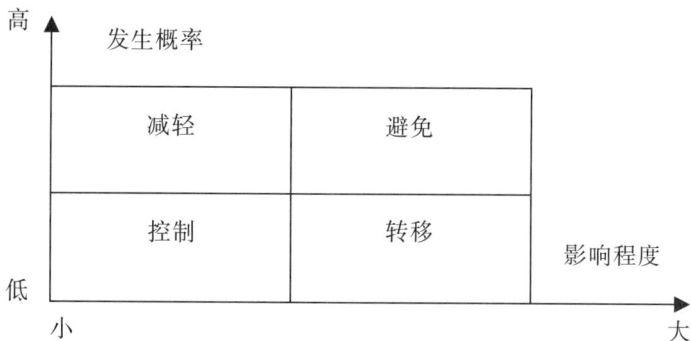

图4-2　中小企业不同类型税务风险应对策略

　　需要注意的是，在选择税务风险策略时，中小企业要有别于大企业。这是因为，大企业通常业务涉及面较广，一项业务出现了问题，往往不会对整个企业造成太大的影响。但对中小企业而言，其经营业务比较单一、资金运转较为紧张，一旦某项业务出现了税务风险，对企业造成的影响要远远大于大企业。因此，中小企业应尽量多地采用风险避免、转移策略，慎用风险减轻策略，使自身的税务风险处于最容易控制的范围以内。具体内容见图4-3：

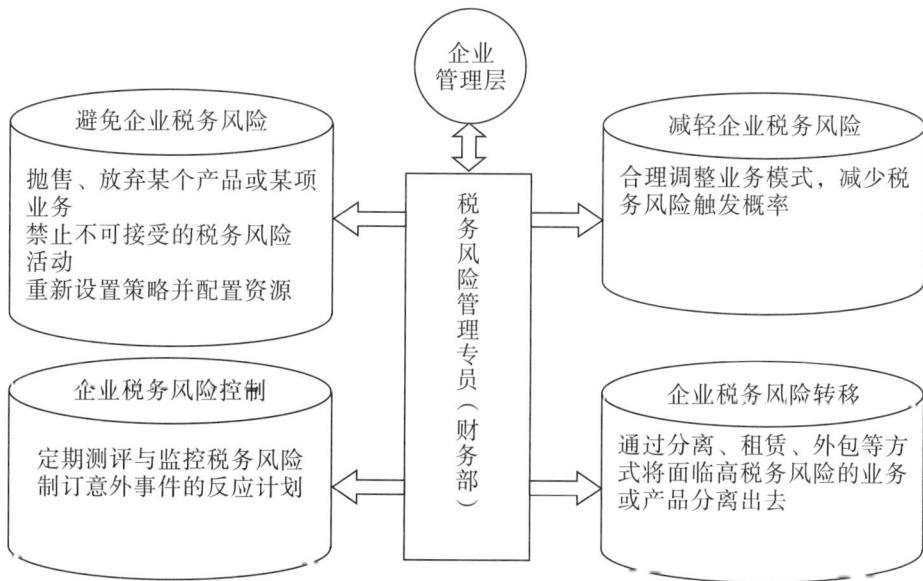

图4-3　税务风险处理子系统

4.5.2 税务风险总结子系统

在按照不同的策略处理了税务风险之后，税务风险应对系统还需要继续运行，即进入第二个子系统——税务风险总结子系统。该系统的工作主要是对各项税务风险应对策略的效果进行总结、分析，为修正并完善包括税务风险管理在内的相关管理制度提供参考资料。税务风险总结子系统可以按照以下四个步骤进行，如图4-4所示：

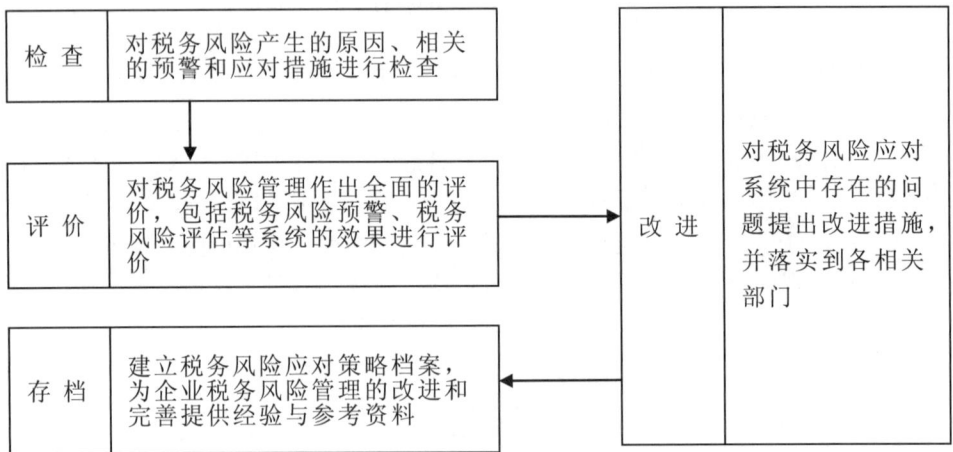

图4-4 税务风险总结子系统

（1）检查。

对企业税务风险管理各个子系统的运作进行检查，认真分析税务风险管理有效或无效的原因，并吸取经验和教训。

（2）评价。

评价税务风险各项应对策略的有效性与合理性，同时评价税务风险应对系统中的其他子系统，例如风险识别、风险预警等系统运行的持续性及有效性，查找出各子系统未能实现预期效果的原因。

（3）改进。

通过对税务风险管理效果的总结，对税务风险应对系统中存在的问题提出改进措施，还可以通过重建企业风险管理机构、调整业务流程以及加强培训等方式完善企业税务风险管理。

（4）存档。

记录应对各类税务风险时出现的问题，特别是风险应对策略选择是否正确、是否满足企业管理层的风险偏好，为将来处理类似的税务风险提供宝贵的经验参考。同时，还应记录企业税务风险处理子系统出现的问题以及改进方法。

4.5.3　制度修复子系统

（1）修正税务风险管理体系。

制度修复子系统的工作之一就是要修正税务风险管理体系。对于中小企业而言，有些税务风险是可以识别并评估的，对于这些税务风险企业可以事先制定应对策略。但有些税务风险是中小企业无法识别或评估的，一旦这些税务风险给企业造成了损失，就更需要及时总结，并在以后的税务风险识别与评估系统中进行重点关注。因此，首先，要重新分析企业内外部环境，并在税务风险识别、评估以及应对过程中吸取经验和教训。其次，针对信息沟通过程中存在的问题，制定或调整企业涉税信息沟通的相关制度，搭建及时、准确的信息传递渠道。最后，还要不断地完善税务风险预警系统，更新或补充税务风险预警指标。

（2）修正企业其他相关管理制度。

相对于企业整体的管理制度而言，税务风险管理体系只是其中的重要组成部分之一。在修正税务风险管理体系的同时，也能促使企业发现其他管理制度中存在的问题，进而加以修正和完善。相对于大企业而言，中小企业面对税收政策、市场风险的不确定性更大，这也使得中小企业陷入阶段性的税务风险的可能性更大。但从另一个角度来看，在税务风险的管理过程中，中小企业往往又可以发现财务管理、仓库管理、生产管理等其他相关管理制度中的一些不合理、不完善的缺陷，这些缺陷可能已经或将会形成重大的税务风险，对企业造成不必要的损失。因此，在修正税务风险应对系统的同时，中小企业还应该对其他的相关管理制度进行梳理、调整，及时地发现经营管理中的盲点、弱点，使整个企业的管理制度都得到修正与完善。

4.6 中小企业税务风险管理信息沟通机制的构建

对大企业税务风险管理信息沟通机制的构建，在《指引》中给出了较为详细的指导建议，这些建议主要包括：董事会、监事会等企业管理层如何与企业各部门进行沟通，如何收集、反馈涉税信息，并特别强调了税务风险计算机信息管理系统的建立，建议利用计算机系统和网络技术自动控制税务申报、税务文档数据管理、外部信息收集等税务风险管理工作。但是这种信息自动化系统的构建，需要企业投入大量的人力和财力，对于中小企业而言，几乎是无法实现的。因此，中小企业税务风险管理信息沟通机制的构建，需要结合中小企业特点，通过在日常生产经营中建立各种简明易行的信息管理与沟通制度，为企业的税务风险管理提供有力的支持。

根据美国 COSO 委员会发布的《框架》指引，沟通的目标是将信息提供给相关的人员，以便其履行职责，使沟通贯穿于信息处理的整个过程。其控制要点包括：为各部门反映他们注意到的可疑问题并建立沟通渠道，同时为供应商、客户和外部其他方面交流建立有效的渠道，促使管理层接受员工提出的有关提高生产力或其他改进方面的合理建议，保证企业内部各部门之间沟通的充分性，使企业管理层能够及时和适当地处理来自供应商、采购商和外部其他方面的信息。

根据美国 COSO 委员会发布的《框架》对沟通控制的目标及要点的设定，构建中小企业税务风险管理信息沟通机制应包括以下措施：

（1）信息沟通方式。

涉税信息沟通工作由税务管理组织负责，其他各部门协助完成。税务管理组织负责定期与内部经营部门和外部行政管理部门沟通和联系，掌握各类与申报纳税相关的信息；各部门人员在日常工作中发现问题应及时反映到税务管理组织，以便税务管理组织针对不同情况及时进行税务处理。具体的沟通方式有口头、电话及书面。

（2）信息沟通工作责任追究制度。

凡对涉税信息沟通工作不重视、弄虚作假、敷衍塞责的，或对工作中发现的问题不及时上报，导致企业在申报纳税上被税务机关处罚的，要通报批评，追究责任。

（3）信息沟通考核制度。

各部门人员向企业反馈的涉税信息直接或间接为企业降低税收负担，或者发现往期税务处理错误，使企业避免受到税务机关处罚的，可以按照贡献大小适当给予物质奖励。

总的来说，构建中小企业税务风险管理信息沟通机制，要求税务管理组织定期与各个部门和外部行政管理部门加强沟通和联系，随时掌握各类与申报纳税相关的信息；各部门人员在日常工作中发现问题应及时反映到税务管理组织，以便税务管理组织针对不同情况及时进行税务处理。在外部信息交换上，中小企业应定期与主管税务部门、技术监督部门、外汇管理部门、行业协会等有关部门或机构进行沟通和联系，及时掌握各类涉税政策变化。在此前提下，中小企业才能够迅速掌握各类涉税信息资源，从而根据获得的信息分析其对当前经营活动的影响，并及时做出反应，最大限度地享受税收优惠政策，或根据税收政策的变化以最快速度调整经营策略，有效防范税务风险的产生。

4.7 中小企业税务风险监督和改进机制的构建

《指引》中关于如何构建大企业税务风险监督和改进机制的建议并不多，而且较为抽象，主要是对内部监督与外部监督的作用和目标进行描述。对中小企业而言，建设监督和改进机制的重要性甚至要超过大企业，因为前文分析过，虽然目前很多中小企业也建立了一些内部控制、风险管理的制度，但大都流于形式，在实际的经营过程中并没有按制度执行，这正是缺乏监督机制的结果。因此，为了保证中小企业其他税务风险管理制度的正常运行，有必要专门设计一套税务风险监督和改进机制。中小企业税务风险管理的监督流程设计应以风险导向和成本效益为原则，通过实施日常监督和专项监督活动，发现并改进税务风险管理体系中的缺陷，从而确保税务风险管理体系持续有效的运行，并保证税务风险控制目标的实现。因此，税务风险管理监督主要有两个方面的意义：第一，发现税务风险管理体系缺陷，促进中小企业税务风险管理的健全性、合理性；第二，提高税务风险管理施行的有效性。中小企业可以通过日常监督和专项监督两种方法来对企业税务风险管理进行监督。

4.7.1　日常监督

日常监督是指企业在日常生产经营过程中，根据税务风险管理的实施情况，进行常规的、连续的监督与检查。

（1）根据日常生产经营中的相关信息来判断税务风险管理的执行情况。

例如，可将财务报告以及自己所经手的涉税业务及事项进行比较，以检验错误和发现偏差，并对相关问题提出疑问，以修正报告、解决例外事项、增强税务风险管理的有效性。

（2）检查外部反映与企业内部信息的反映是否吻合。

例如，定期与税务部门等有关外部行政管理部门沟通，以验证企业是否遵循各项法律法规；定期与客户沟通，以验证企业涉税销售交易及采购业务的处理是否正确，验证应收、应付账款记录是否完整正确。

（3）监督授权管理制度。

定期监控各部门主管人员是否明确自己的税务风险管理职责，有无超越或未完成自己职责的行为，是否遵循职业行为道德。例如，可定期要求员工汇报他们对于税务风险防范的理解和遵守情况，税务风险管理的贯彻执行情况以及在税务风险管理中开展的活动等，并针对监控过程中发现的问题进行反馈和改正。

（4）开展业务审核活动。

应该站在税收的角度，对各项业务流程实行全面的税收监管，例如，合同的签订、货款的结算、货物的发出，以及发票的开具等，都需要税收监管，都要渗透税收的手段，使全部业务流程都符合税收规定。

（5）委托税务专家对企业税务风险管理体系进行评估并提出建议。

例如委托税务专家评估各项涉税审批制度是否得到有效执行，是否存在没有得到控制的业务和事项等。由于税务专家的客观性，往往能够检查出企业税务风险管理体系中的薄弱环节。

4.7.2　专项监督

专项监督指的是，当中小企业在组织结构、交易对象、生产或销售流程以及重要岗位的员工发生较大变化的时候，针对某些相关的环节监督检查税务风险管理的执行情况。尽管日常监督可以提供关于税务风险管理其他要素是否有效的信息，但从全面的角度来看，专项监督对重要业务和事项的有效控制也是必不可少的。专项监督的范围和频率应根据税务风险评估结果以及日常监督的有效性等予以确定。一般来说，发生频率较高并且可能带来较大损失的风险点，应对其进行专项监督。

（1）预计损失大的项目。

监督员依据日常监督的结果，对高风险且预计损失较大的项目进行专项监督。考虑到成本效益原则，对预计损失较小的项目可以减少专项监督的次数。

（2）企业内部环境的变化。

当企业内部环境发生变化时要进行专项监督，以确定税务风险管理体系能适应新的内部环境。例如，业务流程的改变和关键员工发生变化时，为了保证税务风险管理体系能正常运行，就有必要进行专项监督。

日常监督可以作为专项监督的基础，而专项监督则可弥补日常监督的不足，两者缺一不可，应当有机地结合在一起。同时，日常监督和专项监督也具有一定的时效性，例如某项专项监督发生的频率较高，可以将其转为日常监督。

4.8　小结

在前文对中小企业税务风险成因分析的基础上，结合上一章中小企业管理制度水平的现状，参考美国 COSO 委员会发布的《框架》、我国发布的《指引》以及风险管理等管理学理论，可以从税务风险管理目标、管理组织、识别和评估系统、风险应对系统、信息沟通机制以及监督和改进机制等几个方面，构建中小企业税务风险管理体系。

中小企业不一定要将"零风险"作为税务风险管理目标，而应该针对企业自身经营的特点设定目标，税务风险管理的最终目的是最大限度地减轻税务风险对企业造成的影响。

在税务风险管理组织的建设上，鉴于中小企业不具备大企业在人员、制度上的完整性，可以考虑根据企业自身情况，选择聘请税务顾问或设立专职岗位来建设税务风险管理组织。

在税务风险识别和评估系统的建设上，可将税务风险分为内部风险与外部风险，并进行定性评估或定量评估。而对中小企业而言，应将识别与评估的重点放在企业内部风险上，利用可操作性较强的税务风险评测系统对企业已经发生的财务数据进行定量评估。

由于中小企业税务风险管理目标并不一定是"零风险"，可以选择性地允许部分税务风险的存在，因此，中小企业有必要建立税务风险应对系统。企业税务风险应对系统可以分为税务风险处理、税务风险总结以及制度修复三个子系统，最终实现企业税务风险管理体系的自我完善、自我修复。

在涉税信息的沟通方面，由于中小企业无法投入大量的人力和财力来实现自动化管理，因此只能结合自身特点，通过建立信息沟通方式、信息沟通工作责任追究制度、信息沟通考核制度来保证相关信息的沟通顺畅，从而最大限度地降低因企业内部的信息不对称而产生的税务风险。

与税务风险管理组织一样，中小企业税务风险管理的监督也要根据企业的实际情况，通过日常监督与专项监督相结合的方式，发现税务风险管理体系中存在的缺陷。

5

中小企业税务风险评测系统开发

综合前文的文献综述与实证分析的结论，在企业税务风险管理的众多环节中，税务风险的识别与评估是整个管理流程的源头。只有及时地识别与评估税务风险，才能对其进行有效的管理，故税务风险的识别与评估是最为关键的核心重点工作。然而对于中小企业而言，一方面，绝大多数中小企业的管理成本有限，处于税务管理的信息孤岛，税务风险管理技术条件尚不成熟，其税务风险的识别与评估能力显著较低。另一方面，由于中小企业税务风险的评估与识别能力较低，也导致了中小企业税务风险管理意愿不高。针对中小企业在税务风险管理过程中面临的这个问题，开发一种适合中小企业的税务风险评测系统是非常必要的。近年来，围绕如何定量地识别与评估企业税务风险，众多研究者发表了自己的看法，但尚未开发出具有实际操作意义的评测系统。有鉴于此，本章将提出中小企业税务风险评测系统的设计理念、系统构架以及开发方式，包括税务风险相关财务数据分析、税务风险量化测评以及税务风险诊断汇报三个方面。

5.1 中小企业税务风险评测系统需求分析

在设计应用系统之前，要对软件的应用需求进行详细的分析。通过对需求的分析，可以对系统用户相关业务活动的内在逻辑进行抽象化，从而明确应用系统开发的目的究竟是要"做什么"，应用系统需要具备什么功能，然后再根据这些需求来建设应用系统，具体的需求可以细化为三个方面的功能。[①]

（1）税务风险相关财务数据分析。

根据以往相关研究成果，企业可以通过流程图法、财务报表分析法等方法来有效地识别税务风险，也可以运用模型测算、指标测试、数据统计等方法来定量评测企业的税务风险，还可以利用财务数据、第三方统计数据以及税务机关公布的数据等相关信息来测算标准值以评估企业的税务风险。

（2）税务风险量化测评。

在利用财务数据对税务风险进行量化估值以后，就需要确定企业所处的税务风险等级。将企业的税务风险量化测评值与同行业的标准值相比较，如果偏

---

① 赵煜. 基于 J2EE 架构的税务风险管理系统的设计与开发［D］. 长春：吉林大学，2016.

离行业的标准值，意味着企业存在一定的税务风险。

（3）税务风险诊断汇报。

对企业实施税务风险量化测评的最终目的是为企业提供风险应对与处置的参考建议。因此，在得出税务风险量化测评结果后，系统需要生成税务风险测评报告，包括税务风险诊断报告、税务风险应对建议、税务风险控制策略、生产经营调整建议等相关信息。通过通俗的文字性描述，用户对企业存在的税务风险以及基本的应对策略能够一目了然。

5.2　中小企业税务风险评测系统总体设计原则

在明确了系统设计的具体需求后，应对系统设计中的总体原则进行分析，然后根据这个系统总体设计原则说明各个功能模块，最后给出系统数据库的设计。

（1）实效性原则。

实效性原则指的是税务风险评测系统可以根据行业、企业的相关经营数据，提供实时的税务风险评测结果。在这个大数据发展的时代，企业税务风险管理的相关数据变化日新月异，税务风险量化测评的标准值也会随之发生变化。因此，在设计税务风险评测系统的时候就要秉承实效性原则，特别是系统中使用的参考数据库要做到及时更新，才能保证评测结果更具参考价值。

（2）智能化原则。

智能化原则是指税务风险评测系统应拥有操作流程清晰、信息录入明确和操作界面人性化的特点。考虑到系统的用户通常都不属于税务或财务专家，应使系统尽可能体现出简明、易懂、好学的特点，能够让不同文化程度的企业管理员、财务人员很容易地掌握使用方法，并读懂评测结果。

（3）动态性原则。

由于企业在持续地经营与发展，评测结果只能反映一定时期的税务风险情况，不能因为一次评测结果"正常"就认为万事大吉。评测结果"正常"，仅说明相关数据可能产生的税务风险在"允许范围"内，并不代表企业的经营处于"最佳状态"。同样，评测结果"偏高"或"偏低"，也不代表企业就是"问题重重"，要结合实际的经营环境、经营现状来综合分析。因此，系统要能够生成动态的评测结果，而不是仅仅根据一次评测就盲目下结论，要能够将企业过往的相关数据结合起来进行分析。

（4）可持续性原则。

可持续性原则是指税务风险评测系统在设计上要融入管理人员的主观判断。虽然系统可以通过企业运行的相关数据来量化、识别、分析税务风险，但无法取代税务风险管理的全部工作，系统的评测结果只能作为企业调整、改造企业业务流程、运作模式等工作的参考数据。同样的评测结果可能是因为不同的原因造成的，最终的评测结果以及改进建议，还是需要税务专家结合企业实际经营业务得出。

5.3　中小企业税务风险评测系统功能结构设计

中小企业税务风险评测系统按照"一个核心，两个界面"的设计理念，将整个评测系统分为两大部分。系统的功能分布如图 5－1 所示：

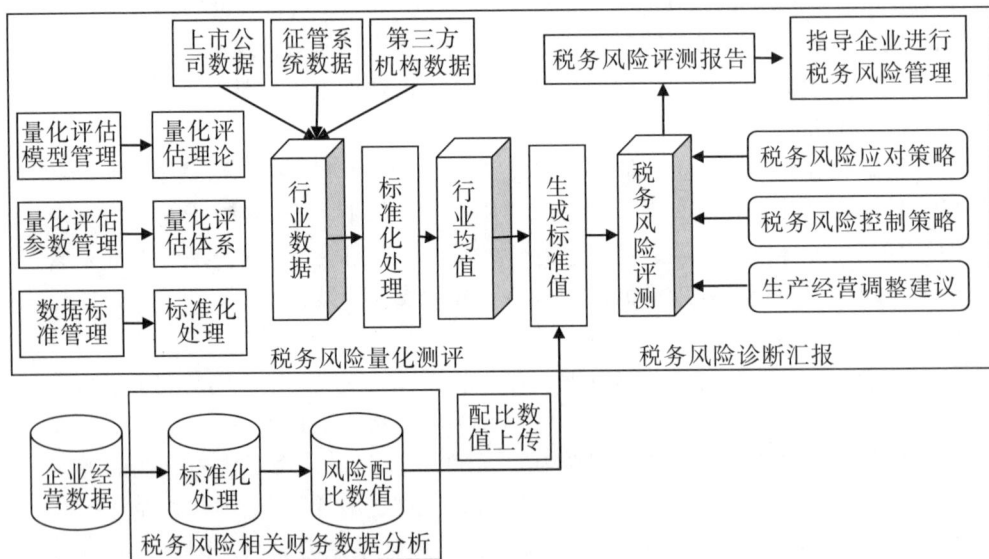

图 5－1　中小企业税务风险评测系统功能分布

中小企业税务风险评测系统的功能分为三个主要部分，分别是税务风险相关财务数据分析、税务风险量化测评以及税务风险诊断汇报。下面就结合"一个核心，两个界面"的设计理念来说明这三个部分的功能。

（1）核心模块。

"一个核心"指的就是税务风险量化测评模块，这是系统的核心模块。其中包含了大量来自国内上市公司、征管系统、第三方机构等相关数据。在获得这些数据后，首先将对其进行分类以及标准化处理；然后再按照设定的指标体系进行量化测算，并与企业上传的指标数值进行配比；最后再将配比结果输出。这个核心模块的价值体现在两个方面：一是数据的归集与更新，通过上述三个渠道采集到的相关数据本身就具有相当的价值。二是标准值的算法。标准值的算法借鉴了征管机关纳税评估的指标，并通过"四分位法"计算行业均值，具有一定的科学性。

（2）交互界面。

"两个界面"指的是系统的输入与输出交互界面，分别是税务风险相关财务数据分析以及税务风险诊断汇报，这两个界面都是面向企业用户的。

首先是企业相关财务数据分析。其主要功能是充当数据的输入终端，通过简约的设计，企业用户能准确地输入相关的经营数据，并由系统自动实现标准化处理。

其次是税务风险诊断汇报。在这个数据的输出界面，企业用户可以一目了然地看到自己的评测结果，评测报告只输出最终的评测数值以及参考值，方便用户进行比较；相关的评测建议也简明易懂，便于用户运用到实际工作中。

5.4　中小企业税务风险评测系统功能模块设计

依据中小企业税务风险评测系统要实现的三大功能，系统的开发可以分为四个模块，即数据采集模块、标准生成模块、配比分析模块以及结果显示模块。具体的模块构成见图 5-2：

信息反馈

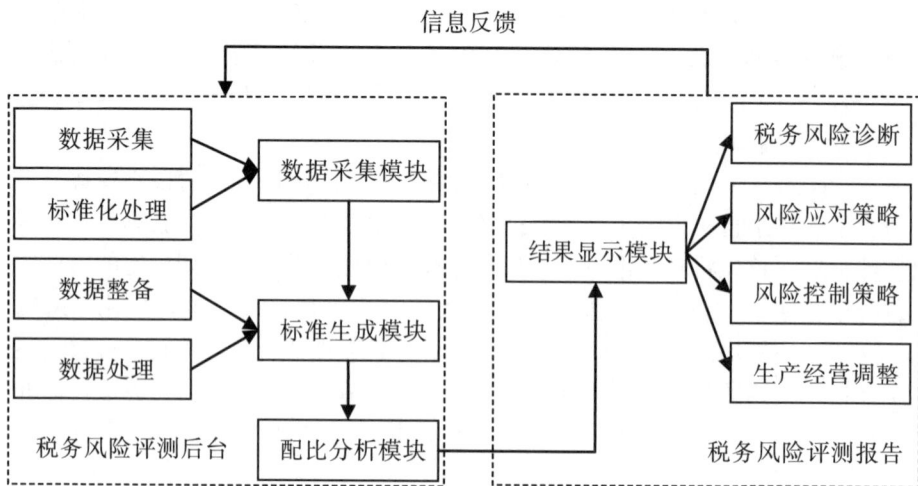

图 5 - 2 中小企业税务风险评测系统功能模块

在图 5 - 2 中可以看到，数据采集模块与结果显示模块满足了上述两个交互界面的需求。标准生成模块与配比分析模块则是核心模块，满足了税务风险量化评测的需求。下面就对这些模块分别进行说明。

5.4.1 数据采集模块

该模块为用户创建一个人机交互的登录及数据录入终端，在用户输入相关财务数据以后，为每一个用户建立一个数据库，将用户的相关财务数据进行分类、整理，并归集到一个数据表中。数据采集模块的使用说明见附录4。

5.4.2 标准生成模块

标准生成模块由数据整备子模块及数据处理子模块组成。

5.4.2.1 数据整备子模块

（1）建立数据库。

税务风险标准值是依据数据库内全部样本企业的相关财务数据生成的，数据库的来源主要是国内上市公司、征管系统以及第三方机构的相关数据。

（2）数据分拣。

由于不同行业的收入、成本结构不同，所面临的税务风险也不尽相同，因此数据的分拣主要是针对数据进行行业分类。考虑到税务风险标准值的数据采

集主要源于国内上市公司的数据，因此对数据进行行业分类的依据参照 2016
年证监会对上市公司的行业分类，总共分为 18 大类，如表 5－1 所示：

表 5－1　数据库行业分类标准

农、林、牧、渔业	金融业
采矿业	房地产业
制造业	租赁和商务服务业
电力、热力、燃气及水的生产和供应业	科学研究和技术服务业
建筑业	水利、环境和公共设施管理业
批发和零售业	教育
交通运输、仓储和邮政业	卫生和社会工作
住宿和餐饮业	文化、体育和娱乐业
信息传输、软件和信息技术服务业	综合

5.4.2.2　数据处理子模块

（1）税务风险量化测评指标选取的参考依据。

近年来，围绕如何定量地识别与评估企业税务风险，众多研究者发表了自
己的看法：一是认为财务报表分析法是最为常用的识别方法。在该方法中，通
过财务报表上的相关数据计算各类指标，而后，采用比较分析法对数据进行分
析。若某项指标与同行业、同类企业或企业以前年度平均水平相比差异较大，
则说明企业存在税务风险。[①] 二是认为企业可以参照现有通用指标、预警值和
模型，采用《纳税评估管理办法（试行）》《企业涉税风险控制指南》等提供
的各类指标和模型。[②] 三是认为可以通过增值税税负率、企业所得税税负率和
综合税税负率等关键税务指标，建立科学合理的税务分析体系，进行税种的结
构分析和趋势分析，并最终形成税务分析报告，为管理层提供决策支持。[③]

综合上述研究者的结论，对企业税务风险进行量化评估的主要依据是企业
运行的财务数据。目前国内较为权威的评估体系是国家税务总局出台的《纳
税评估管理办法（试行）》及其评价指标体系。虽然该文件是从税务管理机关

---

① 常娇阳．企业税务风险管理案例分析：以 W 公司为例 [J]．中国社会科学院研究生院学报，
2014（4）：48－53．

② 于昌平．G 股份有限公司税务风险管理研究 [D]．长春：吉林大学，2014．

③ 钟胥易，刘运国．基于税务治理的企业价值研究：COSO 框架下大型企业集团税务治理实践
[J]．财会通讯，2014（19）：20－23．

的角度来制定纳税检查标准的，但同样可以作为企业自我识别、自我评估税务风险的重要依据。本模块在此基础上，综合近年来国内众多研究者提出的较有价值的评价指标，形成一个相对完善的企业税务风险量化测评指标体系。

（2）企业税务风险量化测评指标体系的确定。

企业税务风险量化测评指标体系是由一系列指标组成的。本模块将企业税务风险量化测评指标分为三大类，即财务分析指标、税务分析指标以及配比分析指标，见表5-2：

表5-2　中小企业税务风险量化测评指标汇总表

一级指标	二级指标	三级指标	一级指标	二级指标	三级指标
财务分析指标	收入类指标	营业收入变动率	税务分析指标	增值税	增值税税收负担率①
		营业外收入变动率		所得税	所得税税收负担率
		预收账款收入比			营业利润税收负担率
		营业外收入占主营业务比率			应纳税所得额变动率
	成本类指标	营业成本变动率			所得税贡献率
		收入成本率			所得税贡献变动率
	费用类指标	销售费用变动率			所得税负担变动率
		营业（管理、财务）费用变动率		印花税	印花税税负变动系数
					印花税同步增长系数
		成本费用率		总体税负	税负率
		成本费用利润率			税负变动率

① 需要说明的是，在该指标体系中增值税税收负担率的计算采用间接计算法，即根据"营业税及附加"科目的金额来倒推增值税总额，该科目包括营业税、消费税、资源税、土地增值税、城市维护建设税和教育费附加及地方教育费附加。倒推原因如下：

第一，该指标只在生产型行业（即增值税纳税人行业）生成，其他行业暂不生成该项指标。

第二，对于生产型行业来说，一般增值税纳税人涉及的营业税较少，该科目中出现的营业税的金额与增值税比起来比例很小，在计算时可以忽略。

第三，只有极少数的特定企业才涉及资源税问题，在计算该项标准值的时候已将相关企业的数据进行了剔除。

第四，依据我国目前消费税来源的分布情况，绝大部分消费税来源于汽车、烟草、酒类行业，其他行业所占比例极少，在计算时可以忽略。

第五，在剔除上述因素后，将该科目大致视为城市维护建设税和教育费附加及地方教育费附加的总额，按照增值税税额12%的比例来进行倒推计算。

（续上表）

一级 指标	二级 指标	三级 指标	一级 指标	二级指标
财务 分析 指标	费用类 指标	其他支出比	配比 分析 指标	营业收入变动率/营业利润变动率
		期间费用率		营业收入变动率/营业成本变动率
	利润类 指标	营业利润变动率		营业收入变动率/销售费用变动率
		营业外收入变动率		营业成本变动率/营业利润变动率
		营业外支出变动率		增值税税款增长率/营业收入增长率
		资本收益率		
		营业利润率		
	资产类 指标	净资产利润率		
		总资产周转率		
		存货周转率		
		应收账款变动率		
		应付账款变动率		
		固定资产综合折旧率	指标参考值说明： 1. 财务分析指标、税务分析指标的参考值为行业均值 2. 配比分析指标的参考值均为1	
		资产负债率		
		固定资产周转率		
		流动资金周转率		
		资产收益率		
		收入资产比		
		成本存货比		
		存货收入比		
		存货资本比		
		应收账款周转率		
	偿债能 力指标	流动资产负债比率		
		速动比率		

（3）各指标的计算公式以及监测风险点。

表5-3　财务分析指标中各指标的计算公式以及监测风险点

一级指标　财务分析指标			
二级指标	三级指标	计算公式	监测风险点
收入类 指标	营业收入 变动率	（本期营业收入－上期 营业收入）÷上期营业 收入×100%	如主营业务、营业外收入变动率超出预 警值范围，可能存在少计收入和多列成 本等问题，运用其他指标进一步分析
	营业外收 入变动率	（本期营业外收入－上 期营业外收入）÷上期 营业外收入×100%	

（续上表）

一级指标　财务分析指标			
二级指标	三级指标	计算公式	监测风险点
收入类指标	预收账款收入比	预收账款余额÷营业收入	预收账款比例偏大，可能存在未及时确认销售收入行为。检查重点纳税人的合同是否真实、款项是否真实入账。深入了解企业的行业规律判断其是否存在未及时确认销售收入的情况
	营业外收入占主营业务比率	营业外收入÷营业收入×100%	分析是否存在将主营业务收入或其他应税收入列入营业外收入科目，从而评析企业是否存在少缴税款的情况
成本类指标	营业成本变动率	（本期营业成本－上期营业成本）÷上期营业成本×100%	营业成本变动率超出预警值范围，可能存在销售未计收入、多列成本费用、扩大税前扣除范围等问题
	收入成本率	营业成本÷营业收入×100%	如收入成本率较高，则有可能存在少计销售额、销售价格偏低导致销售收入降低；直接转销售成本，不确认收入，也就是收入不入账，商品发出后，成本照样结转；少缴增值税，又少缴企业所得税的风险
费用类指标	销售费用变动率	（本期销售费用－上期销售费用）÷上期销售费用×100%	与预警值相比，如相差较大，可能存在多列费用问题
	营业（管理、财务）费用变动率	（本期管理、财务费用－上期管理、财务费用）÷上期管理、财务费用×100%	如果营业（管理、财务）费用变动率与前期相差较大，可能存在税前多列支营业（管理、财务）费用问题
	成本费用率	（销售费用＋管理费用＋财务费用）÷营业成本×100%	分析纳税人期间费用与销售成本之间关系，并与预警值相比较，如相差较大，企业可能存在多列期间费用问题

（续上表）

一级指标　财务分析指标			
二级指标	三级指标	计算公式	监测风险点
费用类指标	成本费用利润率	利润总额÷成本费用总额×100% 其中：成本费用总额=营业成本总额+费用总额	与预警值比较，如果企业本期成本费用利润率异常，可能存在多列成本、费用等问题 税前列支费用评估分析指标：工资扣除限额、"三费"（职工福利费、工会经费、职工教育经费）扣除限额、交际应酬费列支额（业务招待费扣除限额）、公益救济性捐赠扣除限额、开办费摊销额、技术开发费加计扣除限额、广告费扣除限额、业务宣传费扣除限额、财产损失扣除限额、呆（坏）账损失扣除限额、总机构管理费扣除限额、社会保险费扣除限额、无形资产摊销额、递延资产摊销额等。如果申报扣除（摊销）额超过允许扣除（摊销）标准，可能存在未按规定进行纳税调整，擅自扩大扣除（摊销）基数等问题
	其他支出比	营业外支出÷营业收入	营业外支出包括了固定资产盘亏、处置固定资产净损失等资产减值及其他损失项目。因此，如销售营业外支出率较高，则有可能存在少计销售额、销售价格偏低导致销售收入降低，少缴增值税、企业所得税的风险；同时也存在增值税进项未及时转出，多缴增值税、企业所得税的风险
	期间费用率	（销售费用+管理费用+财务费用）÷营业收入×100%	如销售期间费用率较高，则有可能存在少计销售额、销售价格偏低导致销售收入降低；多列支费用，从而导致少缴企业所得税的风险

（续上表）

一级指标　财务分析指标			
二级指标	三级指标	计算公式	监测风险点
利润类指标	营业利润变动率	（本期营业利润－上期营业利润）÷上期营业利润×100%	上述指标若与预警值相比相差较大，可能存在多结转成本或不计、少计收入问题 税前弥补亏损扣除限额。按税法规定审核分析允许弥补的亏损数额，如申报弥补亏损额大于税前弥补亏损扣除限额，则可能存在未按规定申报税前弥补等问题 营业外收支增减额。营业外收入增减额与基期相比减少较多，可能存在隐瞒营业外收入问题
	营业外收入变动率	（本期营业外收入－上期营业外收入）÷上期营业外收入×100%	营业外收入增减额与基期相比减少较多，可能存在隐瞒营业外收入问题。营业外支出增减额与基期相比支出增加较多，可能存在将不符合规定支出列入营业外支出
	营业外支出变动率	（本期营业外支出－上期营业外支出）÷上期营业外支出×100%	
	资本收益率	净利润÷（年初实收资本＋年末实收资本）÷2×100%	企业资本收益率越高，其投资者获得的回报水平也就越高。将企业的资本收益率与行业进行比较，若小于行业水平，则可以说明企业获利能力偏低，同时也要考虑企业是否存在少计收入、多列成本费用以及人为调节的风险点
	营业利润率	营业利润÷营业收入×100%	如营业利润率过高，则可能存在购进货物已入账，但在销售货物时，只结转主营业务成本而不计或少计销售额问题，从而导致增值税、企业所得税的税务风险

（续上表）

一级指标　财务分析指标			
二级指标	三级指标	计算公式	监测风险点
资产类指标	净资产利润率	净利润÷平均净资产×100%	分析纳税人资产综合利用情况。如指标与预警值相差较大，可能存在隐瞒收入，或闲置未用资产计提折旧问题
	总资产周转率	利润总额÷平均总资产×100%	分析总资产和存货周转情况，推测销售能力。如总资产周转率或存货周转率加快，而应纳税税额减少，可能存在隐瞒收入、虚增成本的问题
	存货周转率	营业成本÷（期初存货成本＋期末存货成本）÷2×100%	
	应收账款变动率	（期末应收账款－期初应收账款）÷期初应收账款×100%	分析纳税人应收（付）账款增减变动情况，判断其销售实现和可能发生坏账情况。如应收（付）账款增长率增高，而销售收入减少，可能存在隐瞒收入、虚增成本的问题
	应付账款变动率	（期末应付账款－期初应付账款）÷期初应付账款×100%	
	固定资产综合折旧率	固定资产折旧总额÷固定资产原值总额×100%	固定资产综合折旧率高于基期标准值，可能存在税前多列支固定资产折旧额问题。要求企业提供各类固定资产的折旧计算情况，并分析固定资产综合折旧率变化的原因
	资产负债率	负债总额÷资产总额×100% 其中：负债总额＝流动负债＋长期负债，资产总额是扣除累计折旧后的净额	分析纳税人经营活力，判断其偿债能力。如果资产负债率与预警值相差较大，则企业偿债能力有问题，要考虑由此对税收收入产生的影响。资产负债率提高，如果与企业借款变化有关，应重点关注借款合同，防止因将应税收入计入负债金额造成的税务风险。了解企业的财务状况，如果资产负债率高，则企业的经营风险大；同样，不能及时缴纳税款的风险也大。如果资产负债率超过1，需关注"资产负债表"中"未分配利润"的金额，注意亏损的弥补；同时，还应关注合同是否存在少缴印花税问题

（续上表）

一级指标　财务分析指标			
二级指标	三级指标	计算公式	监测风险点
资产类指标	固定资产周转率	营业收入÷（年初固定资产净值＋年末固定资产净值）÷2×100%	固定资产周转率可以反映企业利用固定资产获利的能力及对固定资产的利用及管理效率。在行业内进行横向比较，如果企业的固定资产周转率小于行业平均水平，首先，反映出企业固定资产的利用率偏低，其生产能力没有得到充分利用，在这种情况下企业若继续新增固定资产，就可能存在接受虚开固定资产增值税专用发票的情况，就有必要对企业的固定资产情况进行实地清查；其次，也要关注企业是否存在少计收入的情况
	流动资金周转率	营业收入÷（年初流动资金＋期末流动资金）÷2×100%	流动资金周转率反映了一个企业流动资金的运用效率，流动资金周转率越高，企业的流动资产运用效率就会越高。所以可以利用该指标在行业中进行横向比较，当该指标低于行业平均水平时，企业就有可能存在未按要求确认销售收入的可能性
	资产收益率	净利润÷（期初资产合计＋期末资产合计）÷2×100%	资产的本质是预期带来经济利益的流入，一定数额的资产与净利润之间有内在关系。与历史数据相比，如果指标数据明显升高，就存在多计费用、支出，少计收入的可能性，从而导致企业所得税税务风险。该指标反映企业净资产的获利能力，从而判断有无漏记收入或多转成本、多摊费用等问题。以净利润、所有者权益作为起点进行分析容易发现企业存在的税务风险。该指标在同行业中显著偏高，可视为异常情况，再通过分析影响利润的收入、成本、费用等会计项目，发现企业存在的涉税问题

（续上表）

一级指标　财务分析指标			
二级指标	三级指标	计算公式	监测风险点
资产类指标	收入资产比	（期初资产合计＋期末资产合计）÷2÷营业收入	如发现收入资产比升高，而盈利水平反而降低，则存在少计收入或收入不入账、多转成本和费用的可能性；如果收入资产比与历史相比大幅升高，或与同行业相比明显偏高，则存在收入不入账、少入账或虚列资产的可能性，从而导致增值税、企业所得税方面的税务风险
	成本存货比	（期初存货＋期末存货）÷2÷营业成本	可结合盈利水平进一步分析，若该指标升高，应考虑是否存在多转成本和费用的情况；还可以结合两年的数据比较，如果存货周转天数缩短，说明销售实现状况好，存货库存积压少，销售收入应该有增加，增值税税负较高；但如果销售收入没有增加或增幅很小，增值税税负率低，就有可能存在少计收入或多转成本、少缴增值税和企业所得税的风险
	存货收入比	（期末存货－营业收入）÷营业收入	正常生产经营的纳税人期末存货额与当期累计营业收入对比异常，可能存在库存商品不真实，销售货物后未结转收入等问题。检查"库存商品"科目，并结合"预收账款""应收账款""其他应付款"等科目进行分析，如果"库存商品"科目余额大于"预收账款""应收账款"贷方余额、"应付账款"借方余额且长期挂账，可能存在少计收入问题。实地检查纳税人的存货是否真实，与原始凭证、账载数据是否一致

（续上表）

一级指标　财务分析指标			
二级指标	三级指标	计算公式	监测风险点
资产类指标	存货资本比	（期末存货－实收资本）÷实收资本	纳税人期末存货额大于实收资本，生产经营不正常，可能存在库存商品不真实，销售货物后未结转收入等问题。检查纳税人的"应付账款""其他应付款""预收账款""短期借款""长期借款"等科目的期末贷方余额是否有大幅度的增加，对变化的原因进行询问并要求纳税人提供相应的举证资料，说明其资金的合法来源；实地检查存货是否与账面相符
	应收账款周转率	营业收入÷（期初应收账款＋期末应收账款）÷2×100%	应收账款周转率低，说明资金周转速度快，一般表明企业的经营状况较好，税负稳定提高；如果应收账款周转率高，说明资金周转速度慢，可能存在虚假购进、多计进项税、少缴增值税和企业所得税的风险
偿债能力指标	流动资产负债比率	流动负债÷流动资产×100%	该指标反映企业到期的支付能力，企业向外借款能力与企业的流动资产有密切的关系。如果流动资产负债比率过高，则应注意企业负债的真实性，特别是"其他应付款""应付账款"的真实性引发的税务风险。要关注是否存在销售收入没有入账，少缴流转税和所得税；是否将销售的回笼资金记入"应付账款""其他应付款"科目；是否有多抵扣增值税进项税，少缴企业所得税及个人所得税等问题

（续上表）

一级指标 财务分析指标			
二级指标	三级指标	计算公式	监测风险点
偿债能力指标	速动比率	（流动资产－存货）÷流动负债×100%	了解企业的短期偿债能力以及财务状况，为税务风险预警提供依据。如果在某一期间速动比率过高，就可能存在取得货款而未记销售的问题。速动比率低，而流动资产负债比率指标正常，说明存货占用水平高，增值税税负率低，企业可能存在多计进项税问题

表5-4 税务分析指标中各指标的计算公式以及监测风险点

一级指标 税务分析指标			
二级指标	三级指标	计算公式	监测风险点
增值税	增值税税收负担率	（应纳税额÷营业收入）×100%	计算分析纳税人税负率，与销售额变动率等指标配合使用，将销售额变动率和纳税人税负率与相应的正常峰值进行比较，如销售额变动率高于正常峰值，纳税人税负率低于正常峰值的，或销售额变动率低于正常峰值，纳税人税负率低于正常峰值的，或销售额变动率及纳税人税负率均高于正常峰值的均可列入疑点范围。运用全国丢失、被盗增值税专用发票查询系统对纳税评估对象的抵扣联进行检查验证 根据评估对象报送的增值税纳税申报表、资产负债表、损益表及其他有关纳税资料，进行毛益率测算分析，存货、负债、进项税额综合分析和销售额指标分析，对其形成异常申报的原因作出进一步判断 与预警值对比，销售额变动率高于正常峰值及纳税人税负率低于预警值的或销售额变动率正常，而纳税人税负率低于预警值的，以进项税额为评估重点，查证有无扩大进项抵扣范围、骗抵进项税额、不按规定申报抵扣等问题，对应核实销项税额计算的正确性 对销项税额的评估，应侧重查证有无账外经营、瞒报、迟报计税销售额，混淆增值税与营业税征税范围，错用税率等问题

（续上表）

一级指标　税务分析指标			
二级指标	三级指标	计算公式	监测风险点
所得税	所得税税收负担率	应纳税额÷利润总额×100%	与当地同行业同期和本企业基期所得税税收负担率相比，低于标准值可能存在不计或少计销售（营业）收入、多列成本费用、扩大税前扣除范围等问题，运用其他相关指标深入评估分析
	营业利润税收负担率	应纳税额÷营业利润×100%	与当地同行业同期和本企业基期营业利润税税收负担率相比，如果低于标准值，企业可能存在销售未计收入、多列成本费用、扩大税前扣除范围等问题，应作进一步分析
	应纳税所得额变动率	（当期应纳税额－上期应纳税额）÷上期应纳税额×100%	关注企业处于税收优惠期的何种阶段，该指标如果发生较大变化，可能存在少计收入、多列成本、人为调节利润问题，也可能存在费用配比不合理等问题
	所得税贡献率	应纳税额÷营业收入×100%	与当地同行业同期和本企业基期所得税贡献率相比，低于标准值视为异常，可能存在不计或少计销售（营业）收入、多列成本费用、扩大税前扣除范围等问题，应运用所得税变动率等相关指标作进一步评估分析
	所得税贡献变动率	（当期所得税贡献率－上期所得税贡献率）÷上期所得税贡献率×100%	与当地同行业同期和企业基期所得税贡献变动率相比，低于标准值可能存在不计或少计销售（营业）收入、多列成本费用、扩大税前扣除范围等问题 运用其他相关指标深入评估，并结合上述指标评估结果，进一步分析企业销售（营业）收入、成本、费用的变化和异常情况及其原因
	所得税负担变动率	（当期所得税负担率－上期所得税负担率）÷上期所得税负担率×100%	与当地同行业同期和企业基期所得税负担变动率相比，低于标准值可能存在不计或少计销售（营业）收入、多列成本费用、扩大税前扣除范围等问题 运用其他相关指标深入评估，并结合上述指标评估结果，进一步分析企业销售（营业）收入、成本、费用的变化和异常情况及其原因

（续上表）

一级指标　税务分析指标			
二级指标	三级指标	计算公式	监测风险点
印花税	印花税税负变动系数	当期印花税负担率÷上期印花税负担率 其中：印花税负担率＝应纳税额÷营业收入×100%	本指标用于分析可比口径下印花税额占计税收入的比例及其变化情况。当期印花税负担率与上年同期对比，正常情况下二者的比值应接近1。当比值小于1，可能存在未足额申报印花税问题，进入下一工作环节处理
	印花税同步增长系数	应纳税额增长率÷营业收入增长率 其中：应纳税额增长率＝（本期应纳税额－上期应纳税额）÷上期应纳税额×100%，营业收入增长率＝（本期营业收入－上期营业收入）÷上期营业收入×100%	本指标用于分析印花税应纳税额增长率与营业收入增长率，评估纳税人申报（贴花）纳税情况的真实性。适用于工商、建筑安装等行业的应纳税额增长率与营业收入增长率对比分析。正常情况下二者应基本同步增长，比值应接近1。当比值小于1，可能存在未足额申报印花税问题。分析中发现高于或低于预警值的，要借助其他指标深入分析并按照《纳税评估管理办法（试行）》规定处理
总体税负	税负率	营业税金及附加÷营业收入	如税负率较高，则有可能存在少缴税款的风险
	税负变动率	（本期税负－上期税负）÷上期税负×100%	纳税人税负变动率过高，可能存在账外经营、已实现纳税义务而未结转收入、取得进项税额不符合规定、享受税收优惠政策期间购进货物没取得可抵扣进项税额发票或虚开发票等问题。检查纳税人的销售业务，检查原始凭证、记账凭证、销售、应收账款、货币资金、存货等，并将本期与其他各期进行比较分析，对异常变动情况进一步查明原因，以核实是否存在漏记、隐瞒或虚记收入的行为。检查企业固定资产抵扣是否合理、有无将外购的存货用于职工福利、个人消费、对外投资、捐赠等情况

表5-5　配比分析指标中各指标的计算公式以及监测风险点

一级指标　配比分析指标		
二级指标	配比范围	监测风险点
营业收入变动率/营业利润变动率	正常值为1（0.9~1.1）	对产生疑点的纳税人可从以下三方面进行分析：结合"主营业务利润率"指标进行分析，了解企业历年主营业务利润率的变动情况；对"主营业务利润率"指标异常的企业，应通过年度申报表及附表分析企业收入构成情况，以判断是否存在少计收入问题；结合"资产负债表"中"应付账款""预收账款"和"其他应付账款"等科目的期初、期末数额进行分析，如出现"应付账款"和"其他应付账款"红字和"预收账款"期末大幅度增长等情况，应判断存在少计收入问题
营业收入变动率/营业成本变动率	正常值为1（0.9~1.1）	对产生疑点的纳税人可从以下三方面进行分析：结合"主营业务收入变动率"指标，对企业主营业务收入情况进行分析，通过分析企业年度申报表及附表"营业收入表"，了解企业收入的构成情况，判断是否存在少计收入的情况；结合"资产负债表"中"应付账款""预收账款"和"其他应付账款"等科目的期初、期末数额进行分析，如"应付账款"和"其他应付账款"出现红字和"预收账款"期末大幅度增长等情况，应判断存在少计收入问题；结合主营业务成本率对年度申报表及附表进行分析，了解企业成本的结转情况，分析是否存在改变成本结转方法、少计存货（含产成品、在产品和材料）等问题

（续上表）

一级指标　配比分析指标		
二级指标	配比范围	监测风险点
营业收入变动率/销售费用变动率	正常值为1（0.9~1.1）	对产生疑点的纳税人可从以下三个方面进行分析：结合"资产负债表"中"应付账款""预收账款"和"其他应付账款"等科目的期初、期末数额进行分析。如"应付账款"和"其他应付账款"出现红字和"预收账款"期末大幅度增长等情况，应判断存在少计收入问题；结合主营业务成本，通过年度申报表及附表分析企业成本的结转情况，以判断是否存在改变成本结转方法、少计存货（含产成品、在产品和材料）等问题；结合"主营业务费用率""主营业务费用变动率"两项指标进行分析，并与同行业的水平比较；通过"损益表"对营业费用、财务费用、管理费用的若干年度数据，分析三项费用中增长较快的费用项目。如果财务费用增长较快，应结合"资产负债表"中短期借款、长期借款的期初、期末数额进行分析，以判断财务费用增长是否合理，是否存在基建贷款利息列入当期财务费用等问题
营业成本变动率/营业利润变动率	正常值为1（0.9~1.1）	
增值税税款增长率/营业收入增长率	正常值为1（0.9~1.1）	税款销售收入弹性是衡量税款随收入变化而变化的敏感度，从增值税角度而言，增值税税款增长率应该与营业收入增长率基本同步

（4）税务风险标准值的生成。

将数据采集模块采集到的所有数据，先按照行业分类标准分为18个行业，再将每个样本企业的数据放入中小企业税务风险量化测评指标体系，并按照"四分位法"计算出各项指标的行业均值。

5.4.3　配比分析模块

本模块主要的功能是将数据采集模块中的所有数据,与标准生成模块中的税务风险标准值进行配比。具体指标的配比结果只显示用户的实际值与标准值的差异,并反映该指标所处的税务风险级别。税务风险量化评测配比的具体步骤如下:

第一,首先计算用户所属行业各项评测指标的平均数及标准差。

第二,计算不同行业评测指标容差:如评测指标标准差大于等于平均数的60%,则容差为标准差,否则容差取平均数的40%。计算出上下容差的预警阈值。

第三,计算用户各项评测指标的数值(D)与其行业平均数的差距,并与对应标签的容差比较。如超出 1 倍容差(小于平均数 + 容差或大于平均数 –容差),则企业在该指标上的税务风险级别为轻度危险(L);超出 2 倍容差(小于平均数 + 2 × 容差或大于平均数 – 2 × 容差),则企业在该指标上的税务风险级别为高度危险(H)。具体指标见表 5 – 6:

表 5 – 6　企业税务风险量化评估级别表

D 值的偏离范围	风险级别	代码
$D \leqslant 1$ 倍容差	安全	C
1 倍容差 $< D \leqslant 2$ 倍容差	轻度危险	L
$D > 2$ 倍容差	高度危险	H

如某行业其中一项税务风险评测指标的平均值为 5,标准差为 1,则标准差小于 3(5 × 60%),因此根据上述计算步骤,容差取平均值 2(5 × 40%)。进一步可以计算出 1 倍容差的上下限范围为:5 + 2,5 – 2。2 倍容差的上下限范围为:5 + 2 × 2,5 – 2 × 2。某用户 A 的该项评测指标数值 $D = 4$,没有超出 1 倍容差的范围,则风险级别为安全(C)。另一用户 B 的该项评测指标数值 $D = 8$,超出了 1 倍容差上限,但没有超出 2 倍容差上限,则风险级别为轻度危险(L)。

5.4.4　结果显示模块

本模块的主要功能是将配比分析模块中的数据以数值和图表的形式传输给

用户或第三方机构，是中小企业税务风险评测系统的输出终端，也是用户实施税务风险管理的重要参考依据。

显示的内容包括三个部分：用户基本信息、具体评测指标评价结果、评测结论及建议。

（1）用户基本信息。

这部分内容分为五个部分，包括用户编码、用户名称、所处行业、经营年限、检测日期。

（2）具体评测指标评价结果。

这部分内容分为四个部分，包括检测指标、结果、标志与偏离程度。检测指标说明检测指标的具体内容，例如：增值税税收负担率。结果显示数据采集模块计算出的对应的税务风险评测值。标志显示该指标是否正常，如在安全范围内则不做任何提示，超过或低于安全范围则对应显示为"↑、↓"。偏离程度说明风险的级别，根据风险级别分为"有风险、严重风险、重大风险"三种显示。同时，如果用户连续使用系统评测两年以上，还可以根据需要，展示较为直观的税务风险评测曲线图。

（3）评测结论及建议。

评测结论应由第三方机构依据前两项的评测结果给出，是对用户税务风险水平的一个总体评价，通过通俗易懂的文字描述让管理者或财务人员清楚地了解企业税务风险的实际情况。对于中小企业来说，各项指标应控制在轻度危险区域内，如进入到高度危险区域，就应对该项指标产生偏差的原因进行进一步涉税分析。评测报告的显示模板见附录5。

5.5　中小企业税务风险评测系统的测试

5.5.1　中小企业税务风险评测系统运行情况论证

中小企业税务风险评测系统在完成初步开发后，在18个行业中各选取了两家企业的2015—2016年数据进行虚拟测试。邀请了五位税务、管理专家对测试结果进行了论证，五位专家一致认为，该系统具有较强的实用性以及可操作性，并主要围绕系统的标准生成模块与结果显示模块，提出了一些改进与调整的建议。

5.5.2 中小企业税务风险评测系统的实际运用测试

按照专家提出的建议对系统进行修正后，选取了十余家具有代表性的中小企业客户进行了实际运用测试，并出具了评测报告。测试结果与预期基本相符，其中一家企业的评测报告样本见附录6。

5.6 中小企业税务风险评测系统的特色

5.6.1 数据获取的可持续性

中小企业税务风险评测系统的核心功能是生成企业税务风险评测体系的标准值，而标准值的生成则来源于对大量样本企业财务、税务数据的计算。在这个前提下就对系统数据获取的可持续性提出了较高的要求，系统必须能够不断地更新、增加样本企业的基础数据，才能保证生成的标准值具有可参考性。系统基础数据获取的可持续性体现在两个方面。

一方面，在系统初始运行阶段，数据库主要依赖上市公司（主要是新三板、创业板）的公开数据生成标准值。上市公司的财务数据会定期更新并公开发布，这也为系统数据库的更新提供了保障。

另一方面，系统在运行过程中需要采集中小企业客户的相关财务、税务数据，这些数据在生成税务风险评测报告后，会被系统自动保存在数据库中，成为系统再次计算标准值的基础数据。因此使用该系统的中小企业客户越多，系统自动采集的数据也就越多，覆盖面也就越广，从而使得系统具备了持续采集数据的能力。

5.6.2   指标体系的自我完善功能

中小企业税务风险评测系统指标体系不是一成不变的，可以根据实际需求不断调整与完善，该指标体系自我完善的功能主要体现在以下三个方面：

（1）基础数据构成比例的调整。

用于生成标准值的基础数据库主要由上市公司公开数据和中小企业客户运营数据构成。在系统运行的初期，上市公司分开数据占80%，中小企业客户运营数据占20%。当中小企业客户运营数据逐渐形成一定规模以后，就可以调整其所占比例，逐步提升至70%～80%，从而使得系统生成的标准值更加接近中小企业的实际经营水平，对于中小企业而言则更具有实践指导意义。

（2）指标体系的动态性特征。

由于系统处于持续运行中，无论是上市公司公开数据还是中小企业客户运营数据，都可以得到及时更新。数据库还可以基于不同的时间节点生成不同的标准值，使得这个指标体系中标准值的动态性特征更明显，从而更具可参考性。

（3）企业特征的自定义功能。

随着系统不断地更新、数据库不断地扩展，数据库的取数可以变得更为精细。通过基础条件的设定与筛选，可以针对某一个特定地区、特定行业、特定规模的企业建立子数据库，从而在指标体系中生成更为精准的标准值，为特定的中小企业客户甚至是其主管税务机关提供更有参考价值的数据。

5.6.3   系统功能模块具有可开发性

中小企业税务风险评测系统在设计的过程中，保持了其开放性的特征，其核心是由中小企业客户以及上市公司的财务、税务数据形成的数据库。以这个数据库为基础，系统还可以依据个性化、精细化的原则进行进一步的修正与二次开发，特别是可以在税务风险评测功能的基础上，进一步开发出税务风险应对、涉税风险信息反馈等其他税务风险管理模块，使其形成一个完整的税务风险管理系统，从而具有更好的应用价值和推广前景。

5.7 中小企业税务风险评测系统的应用前景

就目前我国中小企业的风险管理能力而言，对于税务风险的管理还存在较大的漏洞，建立中小企业税务风险评测的标准是必然的。我国各级政府都在不断地出台各类财政、金融政策以扶持本地中小企业的发展，提高中小企业的税务风险管理能力对于提升中小企业的综合竞争力至关重要。在这个背景下，中小企业税务风险评测系统的应用前景包括三个方向：

（1）与会计中介机构的合作前景。

中小企业税务风险评测系统在推广初期的主要合作对象就是会计中介机构。活跃在各个城市中的会计中介机构，规模大的拥有上万家中小企业客户，规模小的也有上千家中小企业客户。税务风险评测可以作为这些会计中介机构为客户提供的免费增值服务。通过为客户进行免费税务风险评测，一方面可以提升会计中介机构的服务质量与范围，在一定程度上对中小企业的税务风险进行提示；另一方面可以获取大量中小企业客户的财务、税务数据，为数据库的不断完善提供保障。

同时，对部分有更高需求的中小企业客户，会计中介机构还可以在税务风险评测报告的基础上提供"一对一"的税务风险应对管理服务，在拓宽其业务来源的同时，也能帮助更多的中小企业建立自己的税务风险管理体系，为中小企业更加健康、平稳的发展提供保障。

（2）与税务机关的合作前景。

纳税评估是税务机关面临的一项任务繁重的工作。由于这项工作对纳税人的影响较大，因此很多纳税人还具有一定的抵触情绪。在纳税评估工作中，由于税务机关的工作量较大，对于税负率等核心评估指标的计算往往采取周期性测算，测算的依据也是根据纳税人定期上报的相关数据。因此，其测算的结果就存在一定的时滞性，精准度往往也不够高。中小企业税务风险评测系统最大的特色就是指标体系的自我完善功能，逐渐完善系统数据库以后，可以测算出不同地区、不同行业、不同规模企业的税务风险标准值，而且通过这个动态的指标测算体系形成的结果具有较好的时效性。中小企业税务风险评测系统生成的标准值，既可以作为税务机关进行纳税评估时的参考依据，也可以为税务机关在对纳税人进行精准分类时提供数据基础，从而大幅度提升纳税评估工作的质量与效率。

（3）直接与中小企业的合作前景。

对于中企业或者规模稍大的小企业而言，很多企业目前具有了税务风险管理的意识，但受制于自身技术水平、人员素质的因素，无法顺利地实施税务风险管理。直接引入中小企业税务风险评测系统，并将其作为企业风险管理体系中的一个重要组成部分，能够帮助企业及时地识别、分析税务风险，实质上迈出企业构建税务风险管理体系的第一步，这也是至关重要的一步。依据税务风险识别与分析结果，企业可以自行设置税务风险管理岗位或聘请第三方机构，并在此评测结果的基础上建立自己的税务风险应对系统、信息沟通系统以及监督管理系统等其他子系统，从而全面、有效地实现对税务风险的管理。

5.8　中小企业税务风险评测系统的不足之处

5.8.1　初始参数的代表性不够理想

在系统开发的阶段，由于尚无法获取大量中小企业客户的财务、税务数据，系统数据库的建立与指标体系中标准值的生成只能依赖于上市公司（主要是中小板、创业板和新三板的公司）公开的数据。选取这些企业的数据来生成初始的标准值，其原因主要如下：

（1）因为上市公司都经过了证监会等权威管理部门的正式审计，其财务、税务数据相对比较真实。

（2）与未上市的企业相比，上市公司的财务管理、税务管理相对更加规范，以它们的数据作为基础来生成标准值，可以对其他中小企业起到一个模范标杆作用。

（3）上市公司的数据基本处于公开状态，可以完整、及时地获取，且数据公布的格式较为规范，这为初期指标体系标准值的生成提供有力的保障。

但在使用这些数据的同时，也存在一些不足之处。首先是企业规模上的偏差，上市公司（中小板、创业板和新三板的公司）对企业的规模要求如下：

（1）中小板要求企业最近三年连续盈利累计达 5 000 万元以上。

（2）创业板要求企业最近两年净利润累计不少于 1 000 万元且持续增长，同时要求企业最近一年净利润不少于 500 万元且最近一年营业收入不少于 5 000万元。

（3）新三板要求企业最近两年净利润累计不少于 1 000 万元，其中最近一年净利润不少于 500 万元、营业收入不少于 5 000 万元，且最近期末净资产不少于 2 000 万元。

由此可见，即便是要求最低的新三板，其对上市公司营业收入的要求也基本达到了中型企业标准（具体标准见附录 1），因此上市公司的数据对于中型企业来说参考性非常大，对一部分行业的小微型企业而言则代表性不足。由于在系统开发初期数据获取的局限性，中小企业税务风险评测系统只能按照中型企业的标准来生成指标体系，这个标准对于部分行业的小微型企业而言就存在代表性不够显著的问题。系统开始正式运行后，随着中小企业客户数据的不断增加，数据库的基础数据会逐渐地完善、充实，在积累了更多的小微型企业客户的数据后，就能由系统自动修复这个代表性不够显著的问题。

5.8.2 部分核心指标的标准值存在一定的缺陷

在初始运行阶段，系统数据库的主要来源是上市公司的公开数据，在这个基础上生成的部分关键指标的标准值存在一定的缺陷。在系统的开发与运作初期，恰逢国家处于"营改增"的试点与过渡阶段，涉及"营改增"行业的流转税主要税负从营业税变为增值税，依据财务报表"营业税及附加"科目反推的"增值税税收负担率"这项核心指标（反推的依据及原理见表 5－2 的脚注）对于这些行业而言无法适用。而且，在"营改增"全面完成以后，这些行业由于要重新适应纳税申报方式的变化，其"营业税及附加"科目在短期内也很难准确地作为反推的"增值税税收负担率"的主要依据。因此系统在运营初期，"增值税税收负担率"这项指标只能针对原增值税的征税行业，而对于原营业税的征税行业则缺少这项关键指标的标准值。随着中小企业客户数据的不断增加，以及"营改增"政策的逐渐落实后，上市公司涉税数据的准确性、完整性将不断提高，"增值税税收负担率"这项关键指标的标准值将在系统中逐步覆盖到所有行业，从而使得中小企业税务风险评测系统的指标体系更加完善。

5.8.3 标准值的生成算法有待完善

目前系统标准值的算法主要采用的是通过不同行业的平均值与容差来确定正常范围。这对于现阶段数据主要来源于上市公司的数据库而言是可取的，因为上市公司数据较为规范，出现极值的可能性小，且具有一定的同质性。当数据库逐步增加大量中小企业客户的数据后，现有的算法就需要改进。首先是因为未上市的中小企业客户经营管理水平参差不齐，财务、税务数据出现各种极值的可能性较大，因此对平均值与容差的影响较大。其次是随着数据库的不断完善，数据量将大幅增加，这就为标准值精度的提高奠定了基础，可以采用更精确的算法来计算标准值。因此，在系统后续的使用和升级过程中，可以考虑采用例如"四分位法"等其他更为合理的算法，更精确地计算出指标体系中的各项标准值。

5.9 结语

企业税务风险的管理是一项复杂、烦琐的系统工程，没有任何一套系统能够完全实现智能化的管理，中小企业税务风险评测系统也只能是作为一种辅助工具，其评测结果可以作为管理人员进行相关决策的重要参考依据。同时，由于企业在持续地经营与发展，税务风险评测结果只能反映一定时期的税务风险情况，不能因为一次评测数据指标"正常"就认为万事大吉。评测结果"正常"，仅说明相关数据可能产生的税务风险在"允许范围"内，并不代表企业的经营处于"最佳状态"。同样，评测结果"偏高"或"偏低"，也不代表企业就是"问题重重"，要结合实际的经营环境、经营现状来综合分析。

税务风险的识别与评估是企业税务风险管理的重要环节，及时发现与评估税务风险对于中小企业来讲又是尤为重要的一项工作。在中小企业人员素质较低、管理制度不健全、管理成本较高的前提下，运用中小企业税务风险评测系统可以帮助企业在不需要投入大量人力、财力的情况下及时发现潜在的税务风险。一方面可以进一步提升中小企业对税务风险的防范意识；另一方面也降低了中小企业管理税务风险的成本，为其针对税务风险采取相关的应对措施提供了重要的参考依据。

正如扁鹊与蔡桓公的故事一样，当蔡桓公的病尚在腠理、肌肤、肠胃时，扁鹊一次次地提醒蔡桓公赶快治疗。但是蔡桓公却讳疾忌医，强调自己很健康，说扁鹊"医之好治不病以为功！"从而错过了有效的治疗时间。直到最后病入骨髓，蔡桓公再求扁鹊治疗时，这位神医也无能为力，蔡桓公最终病入膏肓而死。其实与健康问题相类似，税务问题在企业的日常经营过程中可能不会显现出来，这也就导致了很多企业忽视了税务风险的存在。企业只有依靠科学的管理和专业的检测才能发现潜在的税务风险，而早期识别与评估企业税务风险将为中小企业进行税务风险管理提供及时的、重要的依据，并为中小企业的健康发展提供更多的保障。

附　录

附录 1

中小企业划型标准规定
工信部联企业 〔2011〕300 号

所属行业	中型企业标准			小型企业标准			微型企业标准		
	营业收入（万元）	从业人员	资产总额（万元）	营业收入（万元）	从业人员	资产总额（万元）	营业收入（万元）	从业人员	资产总额（万元）
农、林、牧、渔业	[500, 20 000)			[50, 500)			[0, 50)		
工业	[2 000, 40 000)	[300, 1 000)		[300, 2 000)	[20, 300)		[0, 300)	[0, 20)	
建筑业	[6 000, 80 000)		[5 000, 80 000)	[300, 6 000)		[300, 5 000)	[0, 300)		[0, 300)
批发业	[5 000, 40 000)	[20, 200)		[1 000, 5 000)	[5, 20)		[0, 1 000)	[0, 5)	
零售业	[500, 20 000)	[50, 300)		[100, 500)	[10, 50)		[0, 100)	[0, 10)	
交通运输业	[3 000, 30 000)	[300, 1 000)		[200, 3 000)	[20, 300)		[0, 200)	[0, 20)	
仓储业	[1 000, 30 000)	[100, 200)		[100, 1 000)	[20, 100)		[0, 100)	[0, 20)	

（续上表）

所属行业	中型企业标准			小型企业标准			微型企业标准		
	营业收入（万元）	从业人员	资产总额（万元）	营业收入（万元）	从业人员	资产总额（万元）	营业收入（万元）	从业人员	资产总额（万元）
邮政业	[2 000, 30 000)	[300, 1 000)		[100, 1 000)	[20, 100)		[0, 100)	[0, 20)	
住宿业	[2 000, 10 000)	[100, 300)		[100, 2 000)	[10, 100)		[0, 100)	[0, 10)	
餐饮业	[2 000, 10 000)	[100, 300)		[100, 2 000)	[10, 100)		[0, 100)	[0, 10)	
信息传输业	[1 000, 100 000)	[100, 2 000)		[100, 1 000)	[10, 100)		[0, 100)	[0, 10)	
软件和信息技术服务业	[1 000, 10 000)	[100, 3 000)		[50, 1 000)	[10, 100)		[0, 50)	[0, 10)	
房地产开发经营	[1 000, 200 000)		[5 000, 100 000)	[100, 1 000)		[2 000, 5 000)	[0, 100)		[0, 2 000)
物业管理	[1 000, 5 000)	[300, 1 000)		[500, 1 000)	[100, 300)		[0, 500)	[0, 100)	
租赁和商务服务业		[100, 300)	[8 000, 120 000)		[10, 100)	[100, 8 000)		[0, 10)	[0, 100)
其他未列明行业		[100, 300)			[10, 100)			[0, 10)	

附录 2

中小企业税务风险管理现状调查问卷

指导语：

税务风险是企业经营活动中面临的风险之一，它是一种不确定性或发生损失的可能性。这种不确定性既包括税务机关对企业的处罚，导致企业发生损失的可能性；也包括企业多缴税款，承担不必要的税收负担两种情况。

本项目是有关企业税务风险管理问题的研究，旨在为企业建立健全税务风险管理制度以及优化纳税服务提供参考依据。问卷调查的目的是了解企业对于税务风险的认识、企业税务风险管理现状及存在的问题。本问卷采用匿名填写，请根据您所在企业及个人的实际情况进行回答，希望您能提供尽可能详尽的信息和真实的想法。我们将对您的回答予以保密，请不必顾虑！

感谢您的积极配合与参与！

第一部分 样本资料

（   ）1. 您所在的企业属于哪一种所有制？

A. 国有   B. 集体   C. 民营   D. 外资

E. 其他

（   ）2. 您所在的企业的注册资本为_____。

A. 500 万元以下   B. 500 万~3 000 万元   C. 3 000 万元以上

（   ）3. 您所在的企业 2010 年的经营收入为_____。

A. 500 万元以下   B. 500 万~5 000 万元   C. 5 000 万元以上

（   ）4. 您所在的企业运营时间为_____。

A. 5 年以下   B. 6~10 年   C. 10~20 年

D. 20 年以上

（   ）5. 您所在的企业所属行业是_____。

A. 工业   B. 商业   C. 房地产业

D. 建筑安装业   E. 其他

（　　）6. 您的企业所在地区是_____。

A. 广州　　　　　　B. 惠州　　　　　C. 清远

D. 中山　　　　　　E. 阳江　　　　　F. 韶关

G. 潮州　　　　　　　H. 东莞　　　　　I. 其他地区

（　　）7. 您目前在企业的职位是_____。

A. 总/副总经理　　　B. 财务/税务部经理或主管

C. 其他人员

第二部分　问卷（单项选择）

（　　）1. 您所在企业的高层管理人员是否经常过问税务问题？

A. 从不过问　　　　B. 偶尔过问　　　C. 经常过问

（　　）2. 您所在的企业在进行重大决策时是否会咨询有关税务方面的意见？（包括向财务部门咨询，也包括向税务部门和中介机构咨询）

A. 会咨询　　　　　B. 不咨询

（　　）3. 您所在企业的财务部门与其他业务部门是否就涉税业务进行沟通？（包括财务部门对其他业务部门的主动辅导，也包括其他业务部门主动向财务部门进行咨询）

A. 从不沟通　　　　B. 偶尔沟通　　　C. 经常沟通

（　　）4. 您所在的企业是否关注国家税收法律政策的变化？

A. 是　　　　　　　B. 否

（　　）5. 您所在的企业是否了解税务风险对企业的影响？

A. 是　　　　　　　B. 否

（　　）6. 您所在的企业是否对企业经营活动中可能存在的税务风险进行识别和评估？

A. 是　　　　　　　B. 否

（　　）7. 您所在的企业是否将企业税务风险作为企业内部控制的重要目标之一？

A. 是　　　　　　　B. 否

（　　）8. 您所在的企业是否对税务风险设置控制指标？

A. 是　　　　　　　B. 否

（　　）9. 您所在的企业是否设立专门的税务管理部门或税务管理岗位？（如果选择 E，第 10、11 题则选择否）

A. 设置了税务部门　　　　　　B. 设置了税务岗位

C. 否，由财务部门人员兼任　　D. 否，由外聘机构代理

E. 否

（　　　）10. 您所在的企业是否明确税务管理部门（或管理岗位）的具体职责？

　　A. 是　　　　　　　　B. 否

（　　　）11. 您所在的企业是否建立税务管理部门（或管理岗位）的绩效考核机制？

　　A. 是　　　　　　　　B. 否

（　　　）12. 您所在的企业是否建立了税务风险预警机制？

　　A. 是　　　　　　　　B. 否

（　　　）13. 您所在的企业是否关注国家反避税政策措施的变化？

　　A. 是　　　　　　　　B. 否

（　　　）14. 您所在的企业各部门之间就税务风险管理的相关信息沟通是否存在障碍？

　　A. 是　　　　　　　　B. 否

（　　　）15. 您所在的企业是否会针对税务检查中暴露的企业管理制度的缺陷及时改进和优化？

　　A. 是　　　　　　　　B. 否

（　　　）16. 您是否了解和学习过《大企业税务风险管理指引（试行）》（国税发〔2009〕90 号）？

　　A. 从来没听说过　　B. 听说过，但不是很了解

　　C. 大概了解一些　　D. 仔细研读过

附录3

中小企业税务风险管理意愿调查问卷

指导语：

　　税务风险是企业经营活动中面临的风险之一，它是一种不确定性或发生损失的可能性。这种不确定性既包括税务机关对企业的处罚，导致企业发生损失的可能性；也包括企业多缴税款，承担不必要的税收负担两种情况。

　　本项目是有关企业税务风险管理问题的研究，旨在为企业建立健全税务风险管理制度以及优化纳税服务提供参考依据。问卷调查的目的是了解企业对于税务风险的认识、企业税务风险管理现状及存在的问题。本问卷采用匿名填写，请根据您所在企业及个人的实际情况进行回答，希望您能提供尽可能详尽的信息和真实的想法。我们将对您的回答予以保密，请不必顾虑！

　　感谢您的积极配合与参与！

----

　　1. 您企业所在的行业是？

　　A. 农、林、牧、渔业

　　B. 采矿业

　　C. 制造业

　　D. 电力、热力、燃气及水的生产和供应业

　　E. 建筑业

　　F. 批发和零售业

　　G. 交通运输、仓储和邮政业

　　H. 住宿和餐饮业

　　I. 信息传输、软件和信息技术服务业

　　J. 金融业

　　K. 房地产业

　　L. 租赁和商务服务业

　　M. 科学研究和技术服务业

　　N. 水利、环境和公共设施管理业

O. 教育

P. 卫生和社会工作

Q. 文化、体育和娱乐业

R. 综合

2. 您企业 2015 年的经营收入为?

A. 50 万元以下

B. 50 万 ~ 100 万元

C. 100 万 ~ 200 万元

D. 200 万 ~ 300 万元

E. 300 万 ~ 500 万元

F. 500 万 ~ 1 000 万元

G. 1 000 万 ~ 5 000 万元

H. 5 000 万元以上

3. 您企业的经营年限是?

A. 2 年以内

B. 2 ~ 5 年

C. 5 ~ 10 年

D. 10 ~ 15 年

E. 15 ~ 20 年

F. 20 年以上

4. 您企业属于哪一种所有制?

A. 国有

B. 集体

C. 民营

D. 外资

E. 其他

5. 您企业会因为违反国家税收法律和法规被政府处罚,从而遭受经济上的损失吗?

A. 不会造成损失

B. 会造成轻微的损失

C. 会造成一定的损失

D. 会造成比较严重的损失

E. 会造成非常严重的损失

6. 您企业会因为违反国家税收法律和法规，从而导致声誉上的损失吗？

A. 不会造成损失

B. 会造成轻微的损失

C. 会造成一定的损失

D. 会造成比较严重的损失

E. 会造成非常严重的损失

7. 您企业会因为不熟悉税收法律和法规多缴纳税款，从而造成经济上的损失吗？

A. 不会造成损失

B. 会造成轻微的损失

C. 会造成一定的损失

D. 会造成比较严重的损失

E. 会造成非常严重的损失

8. 缺乏对税收合理的筹划与管理，会导致您企业发展受阻吗？

A. 完全没有影响

B. 可能会有一点影响

C. 会有一定的影响

D. 会有较大的影响

E. 会有非常大的影响

9. 税收上的损失会导致您企业出现经营问题吗？

A. 完全不会

B. 会导致出现一点问题

C. 会导致出现一定的问题

D. 会导致出现较为严重的问题

E. 会导致出现严重的问题

10. 在您企业的税务风险管理体制不变的前提下，您觉得将来被税务机关处罚的概率是？

A. 完全不可能

B. 有一点可能

C. 有一定的可能

D. 非常有可能

E. 一定会发生

11. 在您企业的税务风险管理体制不变的前提下，您觉得在将来多缴冤枉税的概率是？

A. 完全不可能

B. 有一点可能

C. 有一定的可能

D. 非常有可能

E. 一定会发生

12. 据您所知，近年来在您周边被税务机关处罚的企业有所增加吗？

A. 完全没有

B. 有一些增加

C. 有一定的增加

D. 增加了不少

E. 大量增加

13. 您企业因为税务问题影响过生产经营吗？

A. 从未有过

B. 偶尔有过一两次

C. 有好几次

D. 经常影响

E. 非常频繁的影响

14. 如果您企业实施税务风险管理，您觉得能够降低企业受到税务机关处罚的概率吗？

A. 绝对不可能

B. 可能会降低一点

C. 可能会降低一定比例

D. 可能会降低很多

E. 一定会大幅降低

15. 如果您企业实施税务风险管理，您觉得可以减少企业多缴的冤枉税吗？

A. 绝对不可能

B. 可能会减少一点

C. 可能会减少一定比例

D. 可能会减少很多

E. 一定会大幅减少

16. 您周边的企业有进行税务风险管理的吗？

A. 完全没有

B. 有一两家

C. 有一定的数量

D. 有很多

E. 非常普遍

17. 您觉得企业发展过程中进行税务风险管理是必不可少的吗？

A. 一定需要

B. 应该需要

C. 可能会需要

D. 可能不需要

E. 绝对不需要

18. 您企业能够安排专门的人员或部门来管理税务风险吗？

A. 完全不可能

B. 有一点可能

C. 有一定的可能

D. 非常有可能

E. 一定会安排

19. 您企业能够有效识别与评估税务风险吗？

A. 完全不可能

B. 有一点可能

C. 有一定的可能

D. 非常有可能

E. 肯定能够识别与评估

20. 您企业内部财务与业务部门之间的涉税信息沟通顺畅吗？

A. 完全不顺畅

B. 有很大的障碍

C. 有一定的障碍

D. 只有一点障碍

E. 完全没有障碍

21. 您企业能够针对税务风险采取应对（改进）措施吗？

A. 完全不可能

B. 有一点可能

C. 有一定的可能

D. 非常有可能

E. 一定能采取应对措施

22. 您企业是否有计划在未来一年内建立税务风险管理体系?

A. 是

B. 否

附录 4

中小企业税务风险评测系统使用手册

一、登录

A. 登录账号由管理员添加，分配权限后可登录系统，未启用用户和没有权限的用户不可登录系统。

B. 勾选记住密码可记住密码七天。

二、修改密码

登录成功后进入系统主界面，点击右上角用户名，弹出个人信息窗口，录入密码，并确认密码，点击保存健修改用户密码。

三、操作流程

线下系统

线上系统

数据传输

添加会员信息 ← 管理员

上传会员信息到线上系统

会员登录

添加企业信息 → 将线上企业信息传输到线下 → 添加企业信息

导入企业报表

复核报表

将线上已复核的报表传输到线下

对数据标准化处理

数据采集

导入样本数据报表

审核报表

标准生成

对数据标准化处理

计算行业均值和标准差

配比结果

配比

配比结果：可显示、查看、导出配比结果

将配比结果上传到线上

显示、查看、导出配比结果

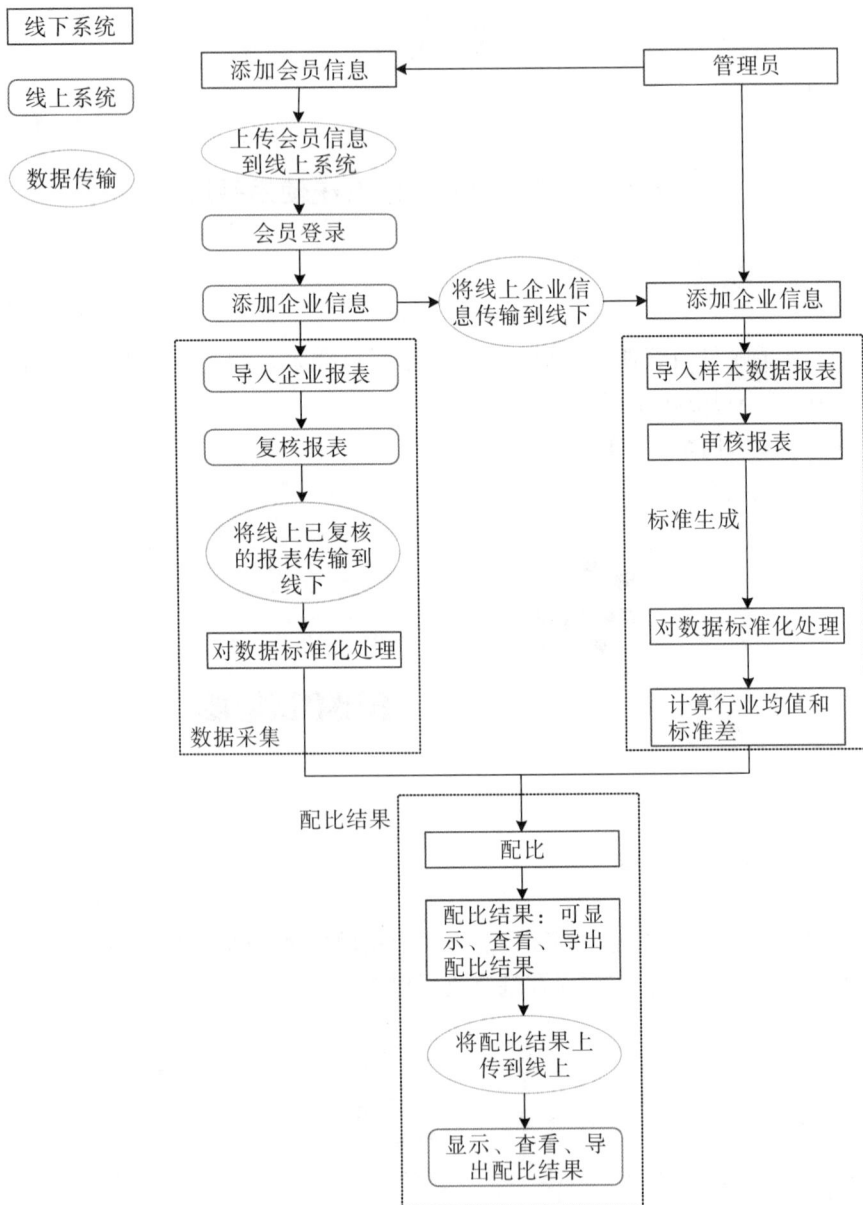

说明：从"导入企业报表"到"将配比结果上传到线上"的过程为系统自动控制，也可手动控制。

四、基础设置

基础设置包括会员管理、标签类别管理、标签管理、企业档案管理、评测指标管理、公式设置、风险设置以及参数设置等功能。

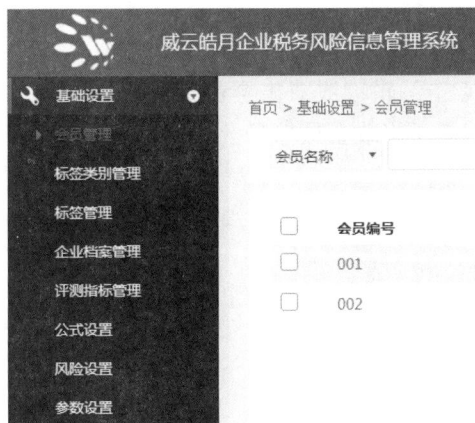

1. 会员管理

A. 功能：查看所有会员信息，可添加、导出、编辑、删除、停用和启用会员信息；将系统信息更新到线上子系统或将线上子系统的信息下载到本地，可以通过条件搜索查找会员信息。

B. 添加功能：点击页面右上角下拉菜单的添加键，页面跳转到添加页面，录入会员名称、邮箱、手机号码、密码、所在单位、备注信息后，点击保存键完成信息的添加。

首页 > 基础设置 > 会员管理

返回 添加 保存

会员编号：自动生成　　　　　会员名称：[　　]　　　　　邮箱：[　　]

通信地址：[　　]　　　　　手机号码：[　　]　　　　　密码：[　　]

所在单位：[　　]　　　　　联系电话：[　　]　　　　　传真：[　　]

单位网址：[　　]

备注：[　　]

C. 编辑功能：点击编辑键或双击会员信息所在行，进入编辑页面，在修改信息后点击保存键即可修改会员信息。

首页 > 基础设置 > 会员管理

返回 添加 保存

会员编号：001　　　　　会员名称：[test007]　　　　　邮箱：[test@qq.com]

通信地址：[test]　　　　　手机号码：[15126073141]　　　　　密码：[···]

所在单位：[所在单位：]　　　　　联系电话：[联系电话：]　　　　　传真：[传真：]

单位网址：[单位网址：]

备注：[test]

D. 停用和启用：勾选列表左边对应的复选框，点击右上角的停用或启用，实现对会员信息的停用和启用。

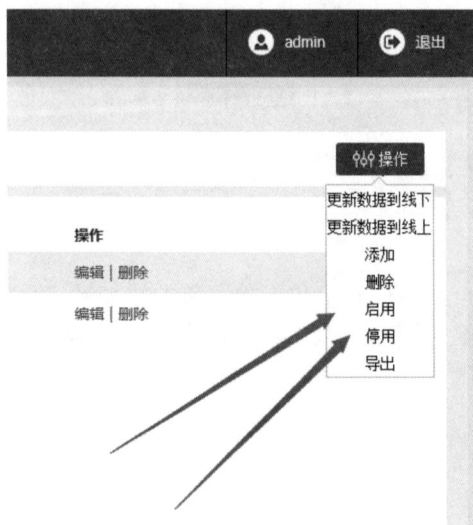

E. 将系统信息更新到线上子系统: 新添加的会员信息可点击信息列表页面右上角的更新数据到线上键, 将新增的数据传输到线上子系统, 修改会员密码后的信息也可以更新到线上。

F. 将线上子系统的信息下载到本地: 将线上子系统的会员信息更新到本地。

G. 删除功能:

①单个删除: 点击会员信息所在行的删除键, 系统提示是否删除, 确认后将删除对应会员信息。

②批量删除: 勾选需要删除的会员信息, 点击页面右上角下拉菜单的删除键, 系统提示是否删除, 确认后将批量删除对应的会员信息。

H. 导出功能: 点击页面右上角下拉菜单的导出键, 将列表中的信息导出到 Excel 表中。

2. **标签类别管理**

A. 功能: 查看所有标签类别信息, 可添加、导出、编辑、删除、停用和启用标签类别信息, 可以通过条件搜索查找标签类别信息。

首页 > 基础设置 > 标签类别管理

	标签分类编号	标签分类名称	备注	状态	操作
☐	001	行业	行业	启用	编辑 | 删除
☐	002	规模		启用	编辑 | 删除
☐	003	test	test	停用	编辑 | 删除

标签分类名称 ▼ [　　　]　标签分类编号 ▼ [　　　]　🔍 查找　显示全部

B. 添加功能：点击页面右上角下拉菜单的添加键，页面跳转到添加页面，录入标签类别名称、备注信息，点击保存键完成信息的添加。

首页 > 基础设置 > 标签类别管理

返回　添加　保存

标签分类编号：自动生成　　　　　　标签分类名称：[　　]

备注：[　　　　　　　　]

C. 编辑功能：点击编辑键或双击标签类别信息所在行，进入编辑页面，在修改信息后点击保存键即可修改标签类别信息。

首页 > 基础设置 > 标签类别管理

返回　添加　保存

标签分类编号：001　　　　　　标签分类名称：[行业]

备注：[行业]

D. 停用和启用：勾选列表左边对应的复选框，点击右上角的停用或启用，实现对标签类别信息的停用和启用。

E. 删除功能：

①单个删除：点击标签类别信息所在行的删除键，系统提示是否删除，确

认后将删除对应标签类别信息。

②批量删除：勾选需要删除的标签类别信息，点击页面右上角下拉菜单的删除键，系统提示是否删除，确认后将批量删除对应的标签类别信息。

③已关联标签类别信息则不可删除。

F. 导出功能：点击页面右上角下拉菜单的导出键，将列表中的信息导出到 Excel 表中。

3. 标签管理

A. 功能：查看所有标签信息，可添加、导出、编辑、删除、停用和启用标签信息，可以通过条件搜索查找标签信息。

B. 添加功能：点击页面右上角下拉菜单的添加键，页面跳转到添加页面，录入标签名称、标签类别、备注信息后，点击保存键完成信息的添加。

C. 编辑功能：点击编辑键或双击标签信息所在行，进入编辑页面，在修改信息后点击保存键即可修改标签信息。

D. 停用和启用：勾选列表左边对应的复选框，点击右上角的停用或启用，实现对标签信息的停用和启用。

E. 删除功能：

①单个删除：点击标签信息所在行的删除键，系统提示是否删除，确认后将删除对应标签信息。

②批量删除：勾选需要删除的标签信息，点击页面右上角下拉菜单的删除键，系统提示是否删除，确认后将批量删除对应的标签信息。

③已关联企业信息则不可删除。

F. 导出功能：点击页面右上角下拉菜单的导出键，将列表中的信息导出到 Excel 表中。

G. 数据传输：点击右上角下拉菜单的更新数据到线上键，将数据传输到子系统。

4. 企业档案管理

A. 功能：查看所有企业信息，可添加、导出、编辑、删除、停用和启用企业信息，可以通过条件搜索查找企业信息。

首页 > 基础设置 > 企业档案管理

	企业档案编号	企业名称	移动电话	开业时间	备注	状态	操作
	EA0005	枫盛阳				启用	编辑｜删除
	EA0007	海欣医药				启用	编辑｜删除
	EA0008	先大药业				启用	编辑｜删除
	EA0009	东方炫辰				启用	编辑｜删除
	EA0026	恒泰艾普				启用	编辑｜删除
	EA0027	海默科技				启用	编辑｜删除
	EA0028	潜能恒信				启用	编辑｜删除
	EA0029	通源石油				启用	编辑｜删除
	EA10	摩登百货				启用	编辑｜删除
	EA12	测试企业	15100000000	2010年1月		启用	编辑｜删除
	EB11	测试	13600000000	2016年6月		启用	编辑｜删除

B. 添加功能：点击页面右上角下拉菜单的添加键，页面跳转到添加页面，录入信息后，点击保存键完成信息的添加。

首页 > 基础设置 > 企业档案管理

返回　添加　保存

企业档案编号：自动生成	企业名称：	会员：
长途区号：	电子邮箱：	网址：
固定电话：	移动电话：	传真号码：
邮政编码：	单位注册地址：	
标签：请选择		
登记注册类型：-请选择-	开业时间：	执行会计标准类别：请选择
执行企业会计准则情况：请选择	从业人员期末人数：	公司性质：
法人代表：	注册资本：	经营年限：
是否用于计算标签均值：否		
备注：		

C. 编辑功能：点击编辑键或双击企业信息所在行，进入编辑页面，在修改信息后点击保存键即可修改企业信息。

首页 > 基础设置 > 企业档案管理

返回　添加　保存

企业档案编号：EA12	企业名称：测试企业	会员：
长途区号：020	电子邮箱：测试企业@qq.com	网址：www
固定电话：234234	移动电话：15100000000	传真号码：234234
邮政编码：510000	单位注册地址：	
标签：农、林、牧、渔业　20人　请选择		
登记注册类型：与港澳台商合资经营	开业时间：2010年1月	执行会计标准类别：民间非营利组织单位会
执行企业会计准则情况：执行2006年《企业会	从业人员期末人数：50	公司性质：
法人代表：	注册资本：10亿	经营年限：
是否用于计算标签均值：否		
备注：		

D. 停用和启用：勾选列表左边对应的复选框，点击右上角的停用或启用，实现对企业信息的停用和启用。

E. 删除功能：

①单个删除：点击企业信息所在行的删除键，系统提示是否删除，确认后将删除对应企业信息。

②批量删除：勾选需要删除的企业信息，点击页面右上角下拉菜单的删除键，系统提示是否删除，确认后将批量删除对应的企业信息。

③已关联财务单据则不可删除。

F. 导出功能：点击页面右上角下拉菜单的导出键，将列表中的信息导出到 Excel 表中。

G. 数据传输：点击右上角下拉菜单的更新数据到线下和更新数据到线上键，将数据传输到子系统和将子系统的数据下载到本地。

5. 评测指标管理

A. 功能：查看所有评测指标信息，可添加、导出、编辑、删除、停用和启用评测指标信息，可以通过条件搜索查找评测指标信息。

	评测指标编号	评测指标名称	备注	状态	操作
☐	▤ 001	财务分析指标		启用	编辑｜删除
☐	▤ 004	收入类指标		启用	编辑｜删除
☐	019	营业收入变动率		启用	编辑｜删除
☐	020	营业外收入变动率		启用	编辑｜删除
☐	021	预收账款收入比		启用	编辑｜删除
☐	022	营业外收入占主...		启用	编辑｜删除

首页 > 基础设置 > 评测指标管理

评测指标名称 ▼ ___ 评测指标编号 ▼ ___ 🔍查找 显示全部

B. 添加功能：点击页面右上角下拉菜单的添加键，页面跳转到添加页面，录入评测指标名称、上级指标、指标偏低解释、指标偏高解释、备注信息，点击保存键完成信息的添加。

首页 > 基础设置 > 评测指标管理

返回 添加 保存

评测指标编号：自动生成　　　评测指标名称：___　　　上级指标：-请选择- ▼

指标偏低解释：___

指标偏高解释：___

备注：___

C. 编辑功能：点击编辑键或双击评测指标信息所在行，进入编辑页面，在修改信息后点击保存键即可修改评测指标信息。

首页 > 基础设置 > 评测指标管理

返回　添加　保存

评测指标编号：021		评测指标名称：预收账款收入比		上级指标：收入类指标　▼
指标偏低解释：				
指标偏高解释：	该指标偏高，可能存在未及时确认销售收入行为。应关注合同是否真实、款项是否真实入账，是否存在未及时确认销售收入的情况。			
备注：				

D. 停用和启用：勾选列表左边对应的复选框，点击右上角的停用或启用，实现对评测指标信息的停用和启用。

E. 删除功能：

①单个删除：点击评测指标信息所在行的删除键，系统提示是否删除，确认后将删除对应评测指标信息。

②批量删除：勾选需要删除的评测指标信息，点击页面右上角下拉菜单的删除键，系统提示是否删除，确认后将批量删除对应的评测指标信息。

③已关联标准化后的数据则不可删除。

F. 导出功能：点击页面右上角下拉菜单的导出键，将列表中的信息导出到 Excel 表中。

6. 公式设置

A. 功能：查看所有评测指标的公式信息，可添加、导出、编辑、删除、停用和启用评测指标的公式信息，可以通过条件搜索查找评测指标信息。

首页 > 基础设置 > 公式设置

评测指标名称 ▼ 　　　　　　评测指标编号 ▼ 　　　　　　🔍 查找　显示全部

	评测指标编号	评测指标名称	上级指标	备注	状态	操作
☐	014	营业收入变动率/...	配比分析指标		启用	编辑 | 删除
☐	015	营业收入变动率/...	配比分析指标		启用	编辑 | 删除
☐	016	营业收入变动率/...	配比分析指标		启用	编辑 | 删除
☐	017	营业成本变动率/...	配比分析指标		启用	编辑 | 删除
☐	019	营业收入变动率	收入类指标		启用	编辑 | 删除
☐	020	营业外收入变动率	收入类指标		启用	编辑 | 删除
☐	021	预收账款收入比	收入类指标		启用	编辑 | 删除
☐	022	营业外收入占主...	收入类指标		启用	编辑 | 删除

B. 添加功能：点击页面右上角下拉菜单的添加键，页面跳转到添加页面，录入评测指标名称、小企业报表评测指标计算公式、样本数据评测指标计算公式信息后，点击保存键完成信息的添加。

C. 编辑功能：点击编辑键或双击评测指标信息所在行，进入编辑页面，在修改信息后点击保存键即可修改评测指标的公式信息。

D. 停用和启用：勾选列表左边对应的复选框，点击右上角的停用或启用，实现对评测指标的公式信息的停用和启用。

E. 删除功能：

①单个删除：点击评测指标信息所在行的删除键，系统提示是否删除，确认后将删除对应评测指标的公式信息。

②批量删除：勾选需要删除的评测指标信息，点击页面右上角下拉菜单的删除键，系统提示是否删除，确认后将批量删除对应的评测指标的公式信息。

F. 导出功能：点击页面右上角下拉菜单的导出键，将列表中的信息导出到 Excel 表中。

7. 风险设置

A. 功能：查看所有风险信息，可添加、导出、编辑、删除、停用和启用风险信息，可以通过条件搜索查找风险信息。

首页 > 基础设置 > 风险设置

	风险编号	风险名称	风险级别	备注	状态	操作
☐	001	正常	0		启用	编辑｜删除
☐	002	有风险	1		启用	编辑｜删除
☐	003	严重风险	2		启用	编辑｜删除
☐	004	风险4	3		启用	编辑｜删除
☐	005	风险5	4		启用	编辑｜删除
☐	006	风险6	5		启用	编辑｜删除

B. 添加功能：点击页面右上角下拉菜单的添加键，页面跳转到添加页面，录入偏离范围名称、风险级别、备注信息，点击保存键完成信息的添加。

首页 > 基础设置 > 风险设置

返回　添加　保存

偏离范围编号：自动生成　　　　　　偏离范围名称：　　　　　　　　风险级别：

备注：

C. 编辑功能：点击编辑键或双击风险信息所在行，进入编辑页面，在修改信息后点击保存键即可修改风险信息。

D. 停用和启用：勾选列表左边对应的复选框，点击右上角的停用或启用，实现对风险信息的停用和启用。

E. 删除功能：

①单个删除：点击风险信息所在行的删除键，系统提示是否删除，确认后将删除对应风险信息。

②批量删除：勾选需要删除的风险信息，点击页面右上角下拉菜单的删除键，系统提示是否删除，确认后将批量删除对应的风险信息。

③已关联配比结果则不可删除。

F. 导出功能：点击页面右上角下拉菜单的导出键，将列表中的信息导出到 Excel 表中。

G. 数据传输：点击右上角下拉菜单的更新数据到线上键，将数据传输到线上子系统。

8. 参数设置

A. 设置系统特定参数的值，可设置的参数有数据传输时间间隔。

B. 编辑修改：点击编辑键或双击参数信息所在行，进入编辑页面，修改参数值后点击保存键，实现参数值的修改。

五、标准生成

标准生成包括数据整备、数据处理以及标签均值等功能。

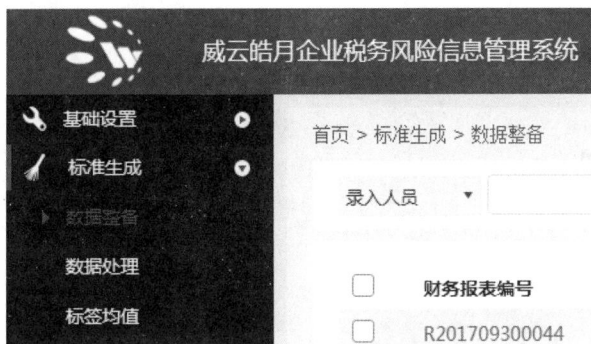

1. 数据整备

A. 功能：查看所有财务报表信息，可添加、导入、导出、编辑、删除财务报表信息，可标准化处理财务报表信息，可以通过条件搜索查找财务报表信息。

	财务报表编号	企业	年份	录入人员	录入时间	备注	状态	操作
☐	R201709300044	铁汉生态	2016	admin	2017/9/30 17:11:12		已处理	编辑
☐	R201709300043	铁汉生态	2015	admin	2017/9/30 17:11:12		已处理	编辑
☐	R201709300042	铁汉生态	2014	admin	2017/9/30 17:11:12		已处理	编辑
☐	R201709300041	铁汉生态	2013	admin	2017/9/30 17:11:12		待处理	编辑 | 删除
☐	R201709300040	蒙草抗旱	2016	admin	2017/9/30 17:11:12		已处理	编辑
☐	R201709300039	蒙草抗旱	2015	admin	2017/9/30 17:11:12		已处理	编辑
☐	R201709300038	蒙草抗旱	2014	admin	2017/9/30 17:11:12		已处理	编辑

B. 添加功能：点击页面右上角下拉菜单的添加键，页面跳转到添加页面，录入企业、年份、备注和财务报表信息，点击保存键完成信息的添加。

首页 > 标准生成 > 数据整备

返回　添加

财务报表编号：自动生成		录入人员：	录入时间：
企业：选择		年份：	
备注：			

❚明细

资产负债表　利润表　现金流量表

资产	年末数	操作
流动资产：		编辑
货币资金		编辑

C. 导入：点击右上角的导入键，进入导入信息页面，点击选择文件键，在弹出的选择框中选择需要导入的 Excel 表，确认后点击下一步，提示可以进入下一步后点击试导入键，提示成功则可点击确认导入键，将数据导入，不满足导入条件则提示存在的问题。

首页 > 标准生成 > 数据整备

录入人员 ▼ ＿＿＿　企业 ▼ ＿＿＿　状态 ▼ ＿＿＿　🔍查找　显示全部　显示时间查询　👥👥👥操作

	财务报表编号	企业	年份	录入人员	录入时间	备注	状态	
☐	R201810110000	诚源环保	2017	admin	2018/10/11 10:04:15		已处理	添加
☐	R201810110000	诚源环保	2016	admin	2018/10/11 10:04:15		已处理	标准化处理
☐	R201810110000	诚源环保	2015	admin	2018/10/11 10:04:15		已处理	标准化处理所有
☐	R201810110000	诚源环保	2014	admin	2018/10/11 10:04:15		已处理，…	删除
☐	R201810110000	达沃环保	2017	admin	2018/10/11 10:04:14		已处理	导出
☐	R201810110000	达沃环保	2016	admin	2018/10/11 10:04:14		已处理	导入
☐	R201810110000	达沃环保	2015	admin	2018/10/11 10:04:14		已处理	导入2

R201709300044		
R201709300043		
R201709300042		
R201709300041		
R201709300040		
R201709300039		
R201709300038		
R201709300037		
R201709300036		
R201709300035		
R201709300034		
R201709300033	巴安水务	2013
R201709300032	万邦达	2016

导入信息

选择文件　下一步　试导入　确定导入　数据验证规则：要求借贷平衡

▌文件

天山生物(300313.SZ).xlsx　　　　　　　　　　　　　　　　　　　删除

导入信息

选择文件　下一步　试导入　确定导入　数据验证规则：要求借贷平衡

▌文件

天山生物(300313.SZ).xlsx　　　　　　　　　　　　　　　　　　　删除

提示

可以进行下一步操作

确　定

导入信息

选择文件　下一步　试导入　确定导入　数据验证规则：要求借贷平衡

｜文件

天山生物(300313.SZ).xlsx　　　　　　　　　　　　　　　　　　　　　删除

提示

试导入成功

确定

导入信息

选择文件　下一步　试导入　确定导入　数据验证规则：要求借贷平衡

｜文件

天山生物(300313.SZ).xlsx　　　　　　　　　　　　　　　　　　　　　删除

提示

全部导入成功

确定

首页 > 标准生成 > 数据整备

录入人员　▼　　　　　　企业　▼　　　　　　状态　▼　　查找　显示全部　显示时间查询

	财务报表编号	企业	年份	录入人员	录入时间	备注	状态	操作
☐	R201710090004	天山生物	2016	admin	2017/10/9 10:48:25		待处理	编辑｜删除
☐	R201710090003	天山生物	2015	admin	2017/10/9 10:48:25		待处理	编辑｜删除
☐	R201710090002	天山生物	2014	admin	2017/10/9 10:48:25		待处理	编辑｜删除
☐	R201710090001	天山生物	2013	admin	2017/10/9 10:48:25		待处理	编辑｜删除
☐	R201709300044	铁汉生态	2016	admin	2017/9/30 17:11:12		已处理	编辑
☐	R201709300043	铁汉生态	2015	admin	2017/9/30 17:11:12		已处理	编辑
☐	R201709300042	铁汉生态	2014	admin	2017/9/30 17:11:12		已处理	编辑

D. 导入 2 的功能与前面的导入操作类似，不同之处为选择的是文件夹，而不是文件，并且需要选择标签。如果系统中不存在 Excel 表中的企业信息，则在导入的时候自动添加到系统中，导入新增的企业的标签即为导入窗口选择的标签。

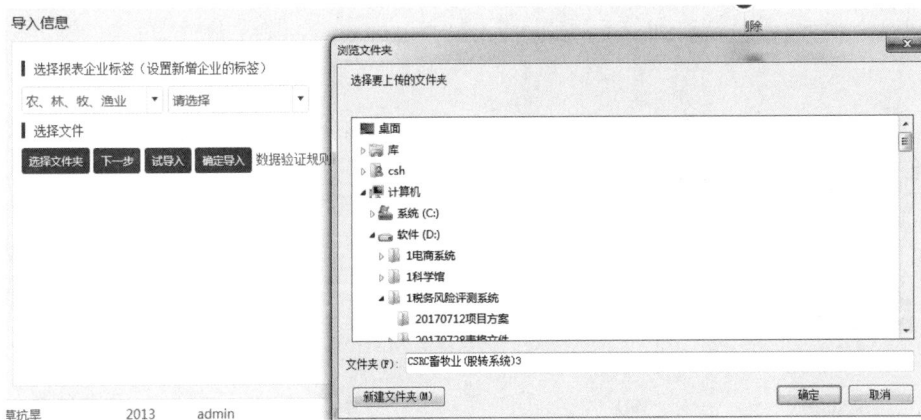

E. 编辑功能：点击编辑键或双击财务报表信息所在行，进入编辑页面，在修改信息后点击保存键即可修改财务报表信息。

F. 标准化处理：勾选需要标准化处理的数据，点击右上角的标准化处理键，系统提示是否确认标准化处理，确认后标准化处理财务报表的数据，标准化处理的财务数据要求有前一年的数据。

	财务报表编号	企业	年份	录入人员	录入时间	备注	状态	操作
☑	R201710090004	天山生物	2016	admin	2017/10/9 10:48:25		待处理	编辑 | 删除
☐	R201710090003	天山生物	2015	admin	2017/10/9 10:48:25		待处理	编辑 | 删除
☐	R201710090002	天山生物	2014	admin	2017/10/9 10:48:25		待处理	编辑 | 删除
☐	R201710090001	天山生物	2013	admin	2017/10/9 10:48:25		待处理	编辑 | 删除
☐	R201709300044	铁汉生态	2016	admin	2017/9/30 17:11:12		已处理	编辑
☐	R201709300043	铁汉生态	2015	admin	2017/9/30 17:11:12		已处理	编辑

G. 标准化处理所有数据：点击右上角的标准化处理所有键，系统自动标准化处理所有满足条件的财务报表信息。

录入时间	备注	状态	操作
2017/10/9 10:48:25		已处理	编辑
2017/10/9 10:48:25		待处理	编辑 | 删除
2017/10/9 10:48:25		待处理	编辑 | 删除
2017/10/9 10:48:25		待处理	编辑 | 删除
2017/9/30 17:11:12		已处理	编辑
2017/9/30 17:11:12		已处理	编辑
2017/9/30 17:11:12		已处理	编辑
2017/9/30 17:11:12		待处理	编辑 | 删除

添加
标准化处理
标准化处理所有
删除
导出
导入
导入2
导入模板下载

H. 删除功能：

①单个删除：点击财务报表信息所在行的删除键，系统提示是否删除，确认后将删除对应财务报表信息。

②批量删除：勾选需要删除的财务报表信息，点击页面右上角下拉菜单的删除键，系统提示是否删除，确认后将批量删除对应的财务报表信息。

③只能删除待处理状态的财务报表信息。

I. 导出功能：点击页面右上角下拉菜单的导出键，将列表中的信息导出到 Excel 表中。

J. 导入模板下载：点击右上角下拉菜单的导入模板下载键，下载用于导入财务报表信息的 Excel 表格。

2. 数据处理

A. 功能：查看所有财务报表标准化处理后的信息，可删除标准化处理后的信息，可以通过条件搜索查找财务报表信息。

	财务报表编号	企业	年份	录入人员	录入时间	备注	状态	操作
☐	R201710090004	天山生物	2016	admin	2017/10/9 10:48:25		已处理	编辑｜删除
☐	R201709300044	铁汉生态	2016	admin	2017/9/30 17:11:12		已处理	编辑｜删除
☐	R201709300043	铁汉生态	2015	admin	2017/9/30 17:11:12		已处理	编辑｜删除
☐	R201709300042	铁汉生态	2014	admin	2017/9/30 17:11:12		已处理	编辑｜删除
☐	R201709300040	蒙草抗旱	2016	admin	2017/9/30 17:11:12		已处理	编辑｜删除

财务报表编号：R201709300035　　　录入人员：admin　　　录入时间：2017/9/30 17:11:11

企业：巴安水务　　　年份：2015

备注：

▌明细

序号	指标	指标值
000	营业收入变动率/营业利润变动率	
001	营业收入变动率/营业成本变动率	0.84
002	营业收入变动率/销售费用变动率	2.08
003	营业成本变动率/营业利润变动率	
004	增值税税款增长率/营业收入增长率	

B. 删除功能：

①单个删除：点击财务报表信息所在行的删除键，系统提示是否删除，确认后将删除对应财务报表的标准化信息。

②批量删除：勾选需要删除的财务报表标准化信息，点击页面右上角下拉菜单的删除键，系统提示是否删除，确认后将批量删除对应的财务报表信息。

③删除成功后，对应的财务报表信息的状态变为待处理状态。

3. 标签均值

A. 功能：查看每个年份的所有标签均值信息，可计算、编辑和删除标签均值信息，可以通过条件搜索查找标签均值信息。默认显示当前年份的标签均值信息。

	标签编号	标签名称	标签类别	计算时间	状态	操作
☐	001	农、林、牧、渔业	行业		无数据	编辑 | 删除
☐	002	采矿业	行业		无数据	编辑 | 删除
☐	003	制造业	行业		无数据	编辑 | 删除
☐	004	电力、热力、燃...	行业		无数据	编辑 | 删除
☐	005	建筑业	行业		无数据	编辑 | 删除
☐	006	批发和零售业	行业		无数据	编辑 | 删除
☐	007	交通运输、仓储...	行业		无数据	编辑 | 删除
☐	008	住宿和餐饮业	行业		无数据	编辑 | 删除

B. 计算标签均值：勾选需要计算均值的标签，点击右上角下拉菜单的计算标签均值键，计算标签均值，有该行业标准化后的财务信息才能计算；点击计算标签均值键，计算当前年份所有标签的均值信息。

C. 编辑功能：点击编辑键或双击标签均值信息所在行，进入编辑页面，在修改信息后点击保存键即可修改标签均值信息。

返回　保存

标签编号：002　　　　　　　　标签名称：采矿业　　　　　　　　标签类别：行业

年份：2014　　　　　　　　计算时间：2017/9/30 17:12:00

┃明细

序号	指标	均值	标准差	操作
001	营业收入变动率/营业利润变动率			编辑
002	营业收入变动率/营业成本变动率	1.11	0.78	编辑
003	营业收入变动率/销售费用变动率	-7.57	13.36	编辑
004	营业成本变动率/营业利润变动率			编辑
005	增值税税款增长率/营业收入增长率			编辑

D. 删除功能：

①单个删除：点击标签均值信息所在行的删除键，系统提示是否删除，确认后将删除对应的标签均值信息。

②批量删除：勾选需要删除的标签均值信息，点击页面右上角下拉菜单的删除键，系统提示是否删除，确认后将批量删除对应的标签均值信息。

六、数据采集

数据采集包括数据采集和标准化处理功能。

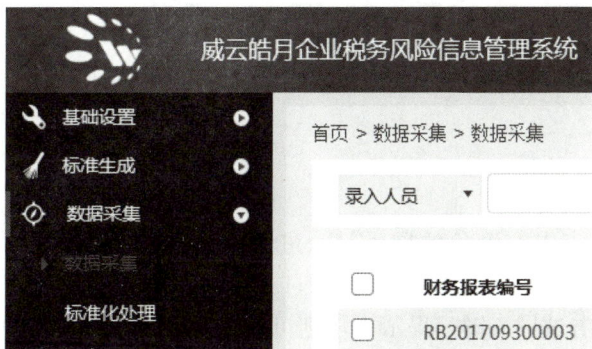

1. 数据采集

A. 功能：查看所有财务报表信息，可添加、导入、导出、编辑、删除、复核、取消复核财务报表信息，可标准化处理财务报表信息，可以通过条件搜索查找财务报表信息。

B. 添加功能：点击页面右上角下拉菜单的添加键，页面跳转到添加页面，录入企业、年份、备注和财务报表信息，并选择是否用于计算标签均值，点击保存键完成信息的添加。

首页 > 数据采集 > 数据采集

返回 添加 保存 复核

财务报表编号：自动生成		录入人员：		录入时间：
企业：选择		年份：		是否用于计算标签均值：否 ▼
备注：				

▌明细

资产负债表 利润表 现金流量表

资产	行次	年末数	操作
流动资产：			编辑
货币资金	1		编辑
短期投资	2		编辑
应收票据	3		编辑

C. 导入：点击右上角的导入键，进入导入信息页面，点击选择文件键，在弹出的选择框中选择需要导入的 Excel 表，确认后点击下一步，提示可以进入下一步后点击试导入键，提示成功则可点击确认导入键，将数据导入，不满足导入条件则提示存在的问题。

▼	企业 ▼	状态	查找 显示全部 显示时间查询					操作
财务报表编号	企业	年份	录入人员	录入时间		备注	状态	操作
RB201709300003	qwe	2016	test007	2017/9/30 18:59:26			未复核	编辑｜删除
RB201709300002	qwe	2015	test007	2017/9/30 18:59:26			未复核	编辑｜删除
RB201709300001	qwe	2014	test007	2017/9/30 18:59:26			未复核	编辑｜删除

更新数据到线下
添加
批量复核
批量取消复核
批量作废
标准化处理
标准化处理所有
删除
导出
导入
导入模板下载

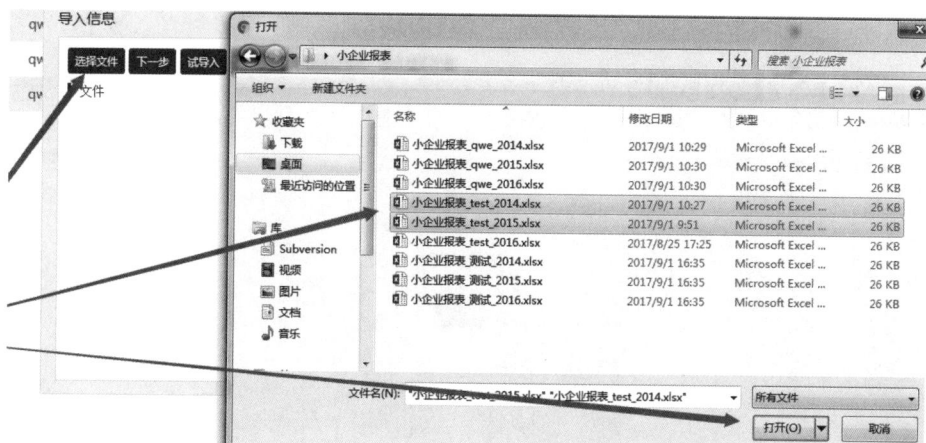

导入信息

选择文件　下一步　试导入　确定导入　数据验证规则：要求借贷平衡

▌文件

小企业报表_test_2014.xlsx　　　　　　　　　　　　　　　　　　删除

小企业报表_test_2015.xlsx　　　　　　　　　　　　　　　　　　删除

导入信息

选择文件　下一步　试导入　确定导入　数据验证规则：要求借贷平衡

▌文件

小企业报表_test_2014.xlsx　　　　　　　　　　　　　　　　　　删除

小企业报表_test_2015.xlsx　　　　　　　　　　　　　　　　　　删除

提示

可以进行下一步操作

确　定

导入信息

选择文件　下一步　试导入　确定导入　数据验证规则：要求借贷平衡

▌文件

小企业报表_test_2014.xlsx　　　　　　　　　　　　　　　　删除

小企业报表_test_2015.xlsx　　　　　　　　　　　　　　　　删除

提示

试导入成功

确定

导入信息

选择文件　下一步　试导入　确定导入　数据验证规则：要求借贷平衡

▌文件

小企业报表_test_2014.xlsx　　　　　　　　　　　　　　　　删除

小企业报表_test_2015.xlsx　　　　　　　　　　　　　　　　删除

提示

全部导入成功

确定

录入人员　▼　　　企业　▼　　　状态　▼　🔍查找　显示全部　显示时间查询

	财务报表编号	企业	年份	录入人员	录入时间	备注	状态	操作
☐	RB201709300003	qwe	2016	test007	2017/9/30 18:59:26		未复核	编辑｜删除
☐	RB201709300002	qwe	2015	test007	2017/9/30 18:59:26		未复核	编辑｜删除
☐	RB201709300001	qwe	2014	test007	2017/9/30 18:59:26		未复核	编辑｜删除
☐	RA201710090002	test	2015	admin	2017/10/9 11:35:14		未复核	编辑｜删除
☐	RA201710090001	test	2014	admin	2017/10/9 11:35:14		未复核	编辑｜删除

D. 编辑功能：点击编辑键或双击财务报表信息所在行，进入编辑页面，在修改信息后点击保存键即可修改财务报表信息。

首页 > 数据采集 > 数据采集				
返回　添加　保存　复核				
财务报表编号：RA201710090002		录入人员：admin		录入时间：2017/10/9 11:35:14
企业：test		年份：2015		是否用于计算标签均值：否
备注：				

明细

资产负债表　利润表　现金流量表

资产	行次	年末数	操作
流动资产：			编辑
货币资金	1	5728488.38	编辑
短期投资	2		编辑
应收票据	3		编辑

E. 复核与取消复核：勾选需要复核或取消复核的财务报表信息，点击右上角下拉菜单的批量复核或批量取消复核键，复核或取消复核财务报表信息。

F. 标准化处理：勾选需要标准化处理的数据，点击右上角的标准化处理键，系统提示是否确认标准化处理，确认后标准化处理财务报表数据，标准化处理的财务报表数据要求有前一年的数据。

录入人员 ▼		企业 ▼		状态 ▼	Q查找　显示全部　显示时间查询				操作
☐	财务报表编号	企业	年份	录入人员	录入时间	备注	状态	操作	更新数据到线下
☐	RB201709300003	qwe	2016	test007	2017/9/30 18:59:26		未复核	编辑｜删除	添加
☐	RB201709300002	qwe	2015	test007	2017/9/30 18:59:26		未复核	编辑｜删除	批量复核
☐	RB201709300001	qwe	2014	test007	2017/9/30 18:59:26		未复核	编辑｜删除	批量取消复核
☑	RA201710090002	test	2015	admin	2017/10/9 11:35:14		待处理	编辑	批量作废
☐	RA201710090001	test	2014	admin	2017/10/9 11:35:14		待处理	编辑	标准化处理
									标准化处理所有
									删除
									导出
									导入
									导入模板下载

G. 标准化处理所有数据：点击右上角的标准化处理所有键，系统自动标准化处理所有满足条件的财务报表信息。

H. 删除功能：

①单个删除：点击财务报表信息所在行的删除键，系统提示是否删除，确认后将删除对应财务报表信息。

②批量删除：勾选需要删除的财务报表信息，点击页面右上角下拉菜单的删除键，系统提示是否删除，确认后将批量删除对应的财务报表信息。

③只能删除未复核状态的财务报表信息。

I. 导出功能：点击页面右上角下拉菜单的导出键，将列表中的信息导出到 Excel 表中。

J. 导入模板下载：点击右上角下拉菜单的导入模板下载键，下载用于导入财务报表信息的 Excel 表格。

K. 数据传输：点击右上角下拉菜单的更新数据到线下键，将线上子系统的财务报表信息更新到本地。

2. 标准化处理

A. 功能：查看所有财务报表标准化处理后的信息，可删除标准化处理后的信息，可配比财务报表信息，可以通过条件搜索查找财务报表信息。

首页 > 标准生成 > 数据处理

返回

财务报表编号：R201709300035	录入人员：admin	录入时间：2017/9/30 17:11:11
企业：巴安水务	年份：2015	
备注：		

| 明细

序号	指标	指标值
000	营业收入变动率/营业利润变动率	
001	营业收入变动率/营业成本变动率	0.84
002	营业收入变动率/销售费用变动率	2.08
003	营业成本变动率/营业利润变动率	

B. 配比：勾选需要配比的财务报表信息，点击右上角的配比键，配比对应的财务报表信息；也可点击配比所有键，配比所有财务报表信息。

C. 删除功能：

①单个删除：点击财务报表信息所在行的删除键，系统提示是否删除，确认后将删除对应财务报表的标准化信息。

②批量删除：勾选需要删除的财务报表信息，点击页面右上角下拉菜单的删除键，系统提示是否删除，确认后将批量删除对应的财务报表信息。

③删除成功后，对应的财务报表信息的状态变为待处理状态；只能删除待分析状态的财务报表的标准化信息。

七、配比结果

1. 配比结果

A. 功能：查看所有财务报表的配比结果信息，可编辑、删除、导出配比结果信息，可上传配比结果信息，可以通过条件搜索查找配比结果信息。

首页 > 配比结果 > 配比结果

录入人员 ▼ ＿＿＿　企业 ▼ ＿＿＿　🔍查找　显示全部　显示时间查询

	报告编号	财务报表编号	录入人员	企业	年份	录入时间	备注	操作
☐	M201710090002	RB201709300003	test007	qwe	2010	2017/9/30 10:59:26		编辑｜删除
☐	M201710090001	RB201709300002	test007	qwe	2015	2017/9/30 18:59:26		编辑｜删除

B. 编辑功能：点击编辑键或双击配比结果信息所在行，进入编辑页面，在修改信息后点击保存键即可修改配比结果信息。

| > 配比结果 > 配比结果 |

| 返回 | 保存 | 导出到Word |

报告文号： M201710090002	报告编号： M201710090002	报告单位：
报告日期： 2017/10/9 11:56:36	总检会计师：	
代理单位： 所在单位	联系电话： 联系电话：	传真： 传真：
通信地址： test	电子邮件： test@qq.com	单位网址： 单位网址：
公司名称： qwe	法人代表：	单位网址：
联系电话：	传真：	电子邮件：
经营年限：	公司性质：	注册资本：
配比参数： 农、林、牧、渔业	员工规模： 0	

评测结果汇总：

主要发现问题及建议：

| 评测结果明细

财务类测评指标　税务类测评指标　配比测评指标

评测指标	指标值	配比结果	偏离程度	可能存在原因	操作
营业收入变动率	0.00				编辑
营业外收入变动率					编辑
预收账款收入比					编辑
营业外收入占主营业务比率					编辑
营业成本变动率	0.00				编辑
收入成本率	0.72	↓	正常		编辑
销售费用变动率	0.00				编辑
营业（管理、财务）费用变动率					编辑
成本费用率	0.26	↓	正常		编辑
成本费用利润率	0.09	↑	有风险		保存｜取消

C. 删除功能：

①单个删除：点击配比结果信息所在行的删除键，系统提示是否删除，确认后将删除对应的配比结果信息。

②批量删除：勾选需要删除的配比结果信息，点击页面右上角下拉菜单的删除键，系统提示是否删除，确认后将批量删除对应的配比结果信息。

D. 导出功能：点击配比结果信息所在行的删除键进入编辑页面，点击导出到 word 键，可将配比结果导出到固定格式的 word 文档。

八、系统设置

1. 用户管理

A. 功能：查看所有用户信息，可添加、导出、编辑、删除用户信息，可初始化用户的权限、通过条件搜索查找用户信息。

B. 添加功能：点击页面右上角下拉菜单的添加键，页面跳转到添加页面，录入用户编号、用户名称、登录账户、密码、联系电话信息，确认信息后，点击保存键，实现用户信息的添加保存。

C. 编辑功能：点击编辑键或双击用户信息所在行，进入编辑页面，在修改信息后点击保存键即可修改用户信息。

D. 查找功能：在页面查询下拉框里选择查找条件，然后在搜索框里输入查询的关键字，点击查询键，即可根据查找条件和关键字进行查找；点击显示全部键，清空查找条件，显示全部信息。

E. 删除功能：

①单个删除：点击用户信息所在行的删除键，系统提示是否删除，确认后将删除对应的用户信息。

②批量删除：勾选需要删除的用户信息，点击页面右上角下拉菜单的删除键，系统提示是否删除，确认后将批量删除对应的用户信息。

F. 导出功能：点击页面右上角下拉菜单的导出键，将列表中的信息导出到 Excel 表中。

G. 初始化用户权限：点击用户信息所在行的编辑键或双击用户信息所在行进入编辑页面，点击页面上的初始化权限键，实现对用户权限的初始化，即为用户分配所属用户类型的权限。

2. 用户权限管理

A. 功能：查看所有用户信息对应的权限信息，可对用户信息分配对应的权限。

B. 权限页面说明：右边的权限列表第一列选择框勾选则表示用该页面的访问权限，在该页面上进行添加、编辑、删除、状态设置、导出操作可通过勾选右边的选择框分配权限，确定权限后，点击提交分配键，实现对用户权限的分配。

C. 点击选择键可以在右边的权限列表中查看对应的权限，确定权限后，点击提交分配键，修改用户类型的权限。

用户名 ▼		用户编号 ▼		🔍查找	显示全部

权限组设置: 基础设置 ▼ 提交分配

	用户名	用户编号	登录账户	
☐	test	test	test	选择
☑	admin	管理员	admin	选择

☑	权限名称	权限编号	添加	编辑	删除	状态	导出
☑	基础设置	1001					
☑	会员管理	1001001	☑	☑	☑	☑	
☑	标签类别管理	1001002	☑	☑	☑	☑	
☑	标签管理	1001003	☑	☑	☑	☑	
☑	企业档案管理	1001004	☑	☑	☑	☑	
☑	评测指标管理	1001005	☑	☑	☑	☑	
☑	公式设置	1001006	☑	☑	☑	☑	
☑	风险设置	1001007	☑	☑	☑	☑	
☑	参数设置	1001008					

D. 勾选左边的用户信息和右边的用户权限信息，点击提交分配键，可以实现批量分配权限。

3. 日志管理

A. 功能：记录所有用户操作使用的行为，并以列表形式显示出来用于查询。

B. 查找功能：在页面查询下拉框里选择查找的条件，然后在搜索框里输入查询的关键字，点击查询键，即可根据查找条件和查找关键字进行查找；点击显示全部键，清空查找条件，显示全部信息。

附录 5

中小企业税务风险评测报告模板

威云皓月

广州市威云皓月信息科技有限公司
税务风险评测报告
Tax risk assessment report

报告文号：

报告编码：

代理单位：

报告日期：

总检会计师：

广州市威云皓月信息科技有限公司

税务风险评测报告

代理单位：

联系电话：

传真：

通信地址：

电子邮件：

单位网址：

上述报告由广州市威云皓月信息科技有限公司提供技术支持，如有疑问，请向代理事务所作进一步咨询。

广州市威云皓月信息科技有限公司电话：

查询网址：

税务风险评测与纳税评估的区别

纳税评估是指税务机关运用数据信息比对分析的方法，对纳税人企业纳税申报的真实性、准确性进行分析，通过税务函告、税务约谈和实地调查等方法进行核实，从而做出定性、定量判断，并采取进一步征管措施的管理行为。税务风险评测则是企业在日常风险管理过程中，自我识别与评估税务风险的过程，其评测结果可以作为企业调整经营业务、消除税务风险的重要依据，从而帮助企业人员发现和纠正在经营过程中出现的错漏及提高纳税意识。

影响评测结果的因素

税务风险评测的主要指标与《纳税评估管理办法（试行）》《企业涉税风险控制指南》等政策文件高度吻合，在具体的评测中主要采用财务报表分析法，通过财务报表上的相关数据计算各类指标，而后采用比较分析法对数据进行分析。若某项指标与同行业、同类企业的标准值（安全值）差异较大，则说明企业存在税务风险。因此，财务报表中的相关数据，会直接影响税务风险的评测结果。

怎样正确地看待异常指标？

由于企业在持续地经营与发展，评测结果只能反映一定时期的税务风险情况，不能因为一次评测数据指标"正常"就认为万事大吉。评测结果"正常"，仅说明相关数据可能产生的税务风险在"允许范围"内，并不代表企业的经营处于"最佳状态"。同样，评测结果"偏高"或"偏低"，也不代表企业就是"问题重重"，要结合实际的经营环境、经营现状来综合分析。

如何解读评测报告？

评测结论应由第三方服务机构依据财务数据的评测结果给出，是对用户税务风险水平的一个总体评价，通过通俗易懂的文字描述让企业管理者或财务人员清楚地了解企业税务风险的实际情况。对于每个企业来说，各项指标应控制在"正常"区域内，如进入到了"严重偏离"区域，就应对该项指标产生偏差的原因进行进一步涉税分析。

税务风险"防"胜于"补"
让我们一起携手成为合法、守信的优质纳税人

税务风险评测报告（按照基本信息设计）

公司名称		法人代表		注册资本	
经营年限		公司性质		员工规模	
所属行业					

评测结果汇总

本次评测主要发现问题及建议

一、税务类评测指标

评测指标	结果	标志	偏离程度	可能存在原因
增值税税收负担率		（用箭头表示）		
所得税税收负担率				
营业利润税收负担率				
应纳税所得额变动率				
所得税贡献率				
所得税贡献变动率				
所得税负担变动率				
印花税税负变动系数				
印花税同步增长系数				
税负率				

二、配比评测指标

评测指标	结果	标志	偏离程度	可能存在原因
营业收入变动率/营业利润变动率		（用箭头表示）		
营业收入变动率/营业成本变动率				
营业收入变动率/销售费用变动率				
营业成本变动率/营业利润变动率				
增值税税款增长率/营业收入增长率				

三、财务类评测指标

评测指标	结果	标志	偏离程度	可能存在原因
营业收入变动率		（用箭头表示）		
营业外收入变动率				
预收账款收入比				
营业外收入占主营业务比率				
营业成本变动率				
收入成本率				
销售费用变动率				
营业（管理、财务）费用变动率				
成本费用率				
成本费用利润率				
其他支出比				
期间费用率				
营业利润变动率				
营业外收入变动率				
营业外支出变动率				
资本收益率				
营业利润率				
净资产利润率				
总资产周转率				
存货周转率				
应收账款变动率				
应付账款变动率				
固定资产综合折旧率				

评测指标	结果	标志	偏离程度	可能存在原因
资产负债率				
固定资产周转率				
流动资金周转率				
资产收益率				
收入资产比				
成本存货比				
存货收入比				
存货资本比				
应收账款周转率				
流动资产负债比率				

附录 6

广东省中小企业税务风险评测系统测试案例

一、测试对象的基本情况

广州××焊接设备有限公司成立于 2008 年 4 月，主营焊机类产品的销售及售后服务。

广州××焊接设备有限公司生产的产品是全球工业用逆变焊割设备，属于高新技术企业。其核心技术获国家科技进步二等奖，是业内唯一获此殊荣的企业。专业为客户提供逆变焊机、切割机、自动焊、光伏并网逆变器等设备及应用解决方案。目前，广州××焊接设备有限公司产品涵盖了工业、民用焊割设备的所有品种和规格，能满足船舶、机械、钢构、冶金、石化等不同行业的焊割需求，并广泛应用于西气东输、川气东送 、动车、高铁等国家重点建设项目。

自 2005 年，广州××焊接设备有限公司事业蓬勃发展，始终保持国内工业用逆变焊机销量领先的市场地位。同时，拥有 60 多项专利技术的 "AOTAI"品牌进军国际市场，产品出口德国、英国、荷兰、西班牙、澳大利亚、南非、印度、俄罗斯、东南亚、南美和中东等 50 多个国家和地区。

公司现有 15 大系列近百个品种规格的逆变焊机和焊接设备，能够随时随地为用户提供优质的产品和服务。

公司注册资本 200 万元人民币，现有员工 152 人，目前产品已销往全国24 个省、市、自治区及全球各地，并在当地设立了专业服务机构。

随着近年来业务范围不断拓展，该企业意识到其税务管理方面存在一些隐患，希望通过专业的评测，为企业提出一些有针对性的建议。

二、测试结果

威云皓月

广州市威云皓月信息科技有限公司
税务风险评测报告
Tax risk assessment report

报告文号：M201811060001

报告编码：M201811060001

代理单位：××××××

报告日期：2018/11/6 14：58：54

总检会计师：×××

广州市威云皓月信息科技有限公司

税务风险评测报告

代理单位：××××××

联系电话：××××××

传　　真：××××××

通信地址：××××××

电子邮件：×××××××@qq.com

单位网址：××××××

上述报告由广州市威云皓月信息科技有限公司提供技术支持，如有疑问，请向代理事务所作进一步咨询。

广州市威云皓月信息科技有限公司电话：

查询网址：

税务风险评测与纳税评估的区别

纳税评估是指税务机关运用数据信息比对分析的方法，对纳税人企业纳税申报的真实性、准确性进行分析，通过税务函告、税务约谈和实地调查等方法进行核实，从而做出定性、定量判断，并采取进一步征管措施的管理行为。税务风险评测则是企业在日常风险管理过程中，自我识别与评估税务风险的过程，其评测结果可以作为企业调整经营业务、消除税务风险的重要依据，从而帮助企业人员发现和纠正在经营过程中出现的错漏及提高纳税意识。

影响评测结果的因素

税务风险评测的主要指标与《纳税评估管理办法（试行）》《企业涉税风险控制指南》等政策文件高度吻合，在具体的评测中主要采用财务报表分析法，通过财务报表上的相关数据计算各类指标，而后采用比较分析法对数据进行分析。若某项指标与同行业、同类企业的标准值（安全值）差异较大，则说明企业存在税务风险。因此，财务报表中的相关数据，会直接影响税务风险的评测结果。

怎样正确地看待异常指标？

由于企业在持续的经营与发展，评测结果只能反映一定时期的税务风险情况，不能因为一次评测数据指标"正常"就认为万事大吉。评测结果"正常"，仅说明相关数据可能产生的税务风险在"允许范围"内，并不代表企业的经营处于"最佳状态"。同样，评测结果"偏高"或"偏低"，也不代表企业就是"问题重重"，要结合实际的经营环境、经营现状来综合分析。

如何解读评测报告？

评测结论应由第三方服务机构依据财务数据的评测结果给出，是对用户税务风险水平的一个总体评价，通过通俗易懂的文字描述让企业管理者或财务人员清楚地了解企业税务风险的实际情况。对于每个企业来说，各项指标应控制在"正常"区域内，如进入到了"严重偏离"区域，就应对该项指标产生偏差的原因进行进一步涉税分析。

税务风险"防"胜于"补"
让我们一起携手成为合法、守信的优质纳税人

税务风险评测报告

公司名称	广州××焊接设备有限公司	法人代表	陆×	注册资本	200万元
经营年限	10年	公司性质	民营	员工规模	152人
所属行业	制造业				

评测结果汇总

1. "增值税税收负担率""所得税贡献率"等核心税务评测指标偏低。

2. "营业收入变动率/营业成本变动率""增值税税款增长率/营业收入增长率"等配比指标轻微偏离均值。

3. "收入成本率""存货资本比""固定资产综合折旧率"等八项指标偏离均值，其中"存货资本比"指标严重偏离均值。

该企业评测结果显示，企业在生产经营中存在一定的税务风险，需要结合实际的生产经营情况进一步进行分析。

本次评测主要发现问题及建议

见下文。

一、税务类评测指标

评测指标	结果	标志	偏离程度	可能存在原因
增值税税收负担率	0.01	↓	有风险	以进项税额为评估重点，查证有无扩大进项抵扣范围、骗抵进项税额、不按规定申报抵扣等问题，对应核实销项税额计算的正确性。对销项税额的评估，应侧重查证有无账外经营，瞒报、迟报计税销售额，错用税率等问题。
所得税税收负担率	0.21			
营业利润税收负担率	0.21			
应纳税所得额变动率	0.00			
所得税贡献率	0.03	↓	有风险	可能存在不计或少计销售（营业）收入、多列成本费用、扩大税前扣除范围等问题。
所得税贡献变动率	0.00			
所得税负担变动率	0.00			
印花税税负变动系数	1.00			
印花税同步增长系数	0.00			
税负率	0.00			

二、配比评测指标

评测指标	结果	标志	偏离程度	可能存在原因
营业收入变动率/营业利润变动率	0.92			
营业收入变动率/营业成本变动率	1.12	↑	有风险	可能存在企业多列成本费用、扩大税前扣除范围等问题。
营业收入变动率/销售费用变动率	1.01			
营业成本变动率/营业利润变动率	0.93			
增值税税款增长率/营业收入增长率	1.25	↑	有风险	税款变动的速度快于营业收入的变动速度。当税款增长率与营业收入增长率同为负值时，就说明税收减少的速度大于收入减少的速度，即有收入未计销项税金或者扩大抵扣进项税金的纳税风险点。

三、财务类评测指标

评测指标	结果	标志	偏离程度	可能存在原因
营业收入变动率	0.00			
营业外收入变动率	0.05			
预收账款收入比	0.09			
营业外收入占主营业务比率	0.65			
营业成本变动率	0.00			
收入成本率	0.88	↑	有风险	可能存在少计销售额、销售价格偏低导致销售收入降低；直接转销售成本，不确认收入，或收入不入账，商品发出后，成本照样结转；少缴增值税，又少缴企业所得税的风险。
销售费用变动率	0.00			
营业（管理、财务）费用变动率	0.23			
成本费用率	0.02			可能存在多列成本、费用等问题。可能存在未按规定进行纳税调整，擅自扩大扣除（摊销）基数等问题。
成本费用利润率	0.92	↑	有风险	
其他支出比	0.00			
期间费用率	0.03			
营业利润变动率	0.00			

评测指标	结果	标志	偏离程度	可能存在原因
营业外收入变动率	0.08			
营业外支出变动率	0.00			
资本收益率	0.16	↓	有风险	要考虑企业是否存在少计收入、多列成本费用、人为调节的风险点。
营业利润率	0.01			
净资产利润率	0.07			
总资产周转率	0.02			
存货周转率	0.00			
应收账款变动率	0.00			
应付账款变动率	0.00			
固定资产综合折旧率	0.35	↑	有风险	该指标偏高，可能存在税前多列支固定资产折旧额问题。要求企业核查各类固定资产的折旧计算情况，分析固定资产综合折旧率变化的原因。
资产负债率	0.00			
固定资产周转率	11.78			
流动资金周转率	11.79	↓	有风险	有可能存在未按要求确认销售收入的可能性。
资产收益率	0.01			
收入资产比	0.82	↑	有风险	存在少计收入或收入不入账、多转成本和费用的可能性；还可能存在销售收入不入账、少入账或虚列资产的可能性，从而导致增值税、企业所得税方面的税务风险。

评测指标	结果	标志	偏离程度	可能存在原因
成本存货比	0.44			
存货收入比	-0.61			
存货资本比	7.35	↑	严重风险	可能存在生产经营不正常、库存商品不真实、销售货物后未结转收入等问题。
应收账款周转率	4.36	↓	有风险	资金周转速度慢，可能存在虚假购进、多计进项税、少缴增值税和企业所得税的风险。
流动资产负债比率	0.88			

四、测试结果评估建议

依据评测报告的结果，并结合该企业实际生产经营情况进行分析，该企业在生产经营中主要存在以下税务风险：

（1）该企业的"增值税税收负担率""所得税贡献率"两项税务类评测指标与均值相比偏低，总体来看存在一定的税务风险，在税务检查中可能会被税务机关列为关注对象。

（2）该企业作为生产焊接装备的生产商，其客户遍布全国各地，还包括一部分境外客户，由于目前市场竞争非常激烈，为了尽快地扩大与占领市场，经常采用的销售形式为"先货后款"。在实际操作过程中，该企业在将货物发出后，因为各种原因往往无法按照合同约定时间收回全部或部分货款，甚至有一些应收账款在账上挂了好几年还未收回。

由于该企业的焊接设备是自行生产与加工，其生产成本一般直接进行结转，这就造成了收入与成本之间的不相匹配。这一问题一方面导致了其"收入成本率""成本费用利润率""资本收益率""收入资产比""存货资本比""应收账款周转率"等财务类评测指标偏离行业均值，同时也导致了"营业收入变动率/营业成本变动率"这项配比评测指标明显偏高。如不采取相应的对策进行管理与优化，该问题最终可能会导致企业在增值税、企业所得税上出现税务问题。

（3）该企业未按税法最低年限规定对其固定资产进行折旧，所有的资产都按照五年计提了累计折旧，会计折旧金额远高于税法折旧金额，因此出现"固定资产综合折旧率"偏高的情况。该问题如不进行调整将企业在企业所得税上出现税务问题。

（4）由于该企业近年来业务拓展迅速，部分客户要求其先开具增值税专用发票再付款，而在实际操作中，有相当一部分客户收到发票后未能按时支付全款或尾款。这个问题一方面导致了"增值税税款增长率/营业收入增长率"这项配比评测指标的偏高，意味着营业收入的增长率未能与增值税的增长率相匹配；另一方面，由于增值税专用票票面金额与货款金额不匹配，也很有可能给该企业带来虚开增值税专用发票的风险。

五、测试对象反馈信息

鉴于本次评测报告显示的结果以及评估建议，该企业于 2018 年做出以下整改行为，并取得了不错的成效。

（1）聘请了一位专职法律顾问，对所有销售合同进行审核。在与客户签订销售合同时，进一步明确双方在货款支付过程中应承担的法律责任，特别是针对"先货后款"销售方式，在合同中明确了购买方未能及时付款应承担的法律责任。2018 年在清理以前年度往来款的过程中，已经正式对五家拖欠货款客户提请了法律诉讼并取得了胜诉。规范的合同管理，一方面规范了该企业的生产经营，保障了企业的合法权益；另一方面大大降低了货款回收迟滞问题所导致的潜在税务风险。

（2）从 2018 年起，对于要求提前开具增值税专用发票的客户，该企业要求其提供"提前索取增值税专用发票的声明"，声明中要求其承诺在收到发票后 10 个工作日内支付与票面金额相符的货款，逾期将由其承担全部法律责任并支付相应的经济赔偿。自 2018 年启用该方法以来，企业预开增值税专用发票却无法收回货款的情况有了较大的改观，由此导致的税务风险也大大降低。

参考文献

［1］蔡昌．税务风险：防范、化解与控制［M］．北京：机械工业出版社，2007．

［2］曹李朵．"营改增"后金融业税务风险管理与防范研究［J］．现代商贸工业，2015（19）．

［3］常娇阳．企业税务风险管理案例分析：以 W 公司为例［J］．中国社会科学院研究生院学报，2014（4）．

［4］崔茜．M 房地产公司税务风险管理研究［D］．重庆：重庆理工大学，2014．

［5］邓亦文，姜明军．企业税务风险管理：问题、成因与对策［J］．商业会计，2015（20）．

［6］广东省经济和信息化委员会．广东省中小微企业成长"十三五"规划［EB/OL］．http：//www. gdei. gov. cn/ywfl/zxqy/201612/t20161228_ 125483. htm.

［7］国务院．国务院关于印发《中国制造 2025》的通知［EB/OL］．http：//www. gov. cn/zhengce/content/2015 – 05/19/content_ 9784. htm.

［8］胡小平．企业税务风险管理案例分析——以 ABC 公司为例［J］．当代会计，2016（2）．

［9］华挺．大企业税务风险识别与应对机制研究［J］．财会通讯，2015（32）．

［10］黄付美．股份制公司税务风险管理现状以及对策研究［J］．财经界，2014（17）．

［11］黄仁芬．A 公司税务风险管理研究［D］．哈尔滨：哈尔滨工业大学，2013．

［12］黄瑞海．企业税务风险管理制度体系研究［J］．会计师，2014（19）．

［13］季松．论中小企业税务风险管理［J］．中华女子学院学报，2015（3）．

［14］乐德美．浅析企业税务风险管理体系的构建［J］．会计师，2015（20）．

［15］李晨静．我国汽车制造企业税务风险管理体系研究［D］．长春：吉林大学，2014.

［16］刘彩．基于保护动机理论的农村居民乙肝疫苗接种意愿和接种行为研究［D］．济南：山东大学，2016.

［17］刘蓉．公司战略管理与税收策略研究［M］．北京：中国经济出版社，2005.

［18］罗威．中小企业税务风险管理研究［D］．广州：暨南大学，2012.

［19］吕聪聪．营改增后交通运输业税务风险管理研究：以 A 企业为例［D］．青岛：中国海洋大学，2014.

［20］吕志明．财务报表分析在纳税评估中的应用研究［J］．中国管理信息化，2015（12）．

［21］牟信勇，寇伟斌，王谦英，等．大企业税务风险管理探索［J］．税务研究，2014（10）．

［22］彭喜阳．中小企业税务风险成因与应对策略［J］．江西社会科学，2014（8）．

［23］沈峰．略论企业税务风险内控机制的构建与测评［J］．税务研究，2015（7）．

［24］庹政萍．浅议中小企业税务风险管理与控制［J］．北方经贸，2015（10）．

［25］汪蔚青．后金融危机时代的税务风险管理［J］．首席财务官，2010（3）．

［26］王玉兰，许可，李雅坤．"营改增"后交通运输企业的税务风险管理能力——以沪市上市公司为例［J］．税务研究，2014（7）．

［27］王震寰．不可忽视的税务风险［J］．新财经，2000（4）．

［28］伍娟．浅析中小企业税务风险原因及对策［J］．中国集体经济，2016（13）．

［29］新浪财经．首份中小企业税收发展报告出炉 新三板企业综合税负最高［EB/OL］．http：//finance. sina. com. cn/china/20140415/102618801913. shtml.

［30］夏卫阳，杨望曾，何照明，等．商业银行税务风险的内部控制机制研究［J］．金融论坛，2010（15）．

［31］颜姝珉．管理会计在中小企业税务风险管理中的运用探析［J］．会计师，2015（19）．

［32］颜振宇．中小企业税务风险预警机制研究［D］．兰州：西北师范大学，2014.

［33］杨本鑫．基于中小企业税务风险管理研究［J］．商场现代化，2015（26）．

［34］于昌平．G 股份有限公司税务风险管理研究［D］．长春：吉林大学，2014.

［35］张爱球．OECD 的税收风险管理理论与实践［J］．中国税务，2009（11）．

［36］赵芳菲．企业税务风险管理研究［D］．北京：财政部财政科学研究所，2014.

［37］赵煜．基于 J2EE 架构的税务风险管理系统的设计与开发［D］．长春：吉林大学，2016.

［38］钟颖．COSO 框架下集团企业税务风险管理体系构建［J］．财会通讯，2016（17）．

［39］钟胥易，刘运国．基于税务治理的企业价值研究：COSO 框架下大型企业集团税务治理实践［J］．财会通讯，2014（19）．

［40］郑隽晓．房地产开发企业税务风险识别研究［D］．昆明：云南财经大学，2015.

［41］BARANOFF E Z. Risk management and insurance［M］. Danvers：Wiley，2004.

［42］JERRY A MICCOLIS，KEVIN HIVELY，BRIAN W MERKEY. Enterprise risk management［J］. Trends and emerging practices，2005（1）．

［43］KERIM PEREN ARINE. An empirical investigation of tax policy in G－7 countries［D］. Louisiana：Louisiana State University，2003.

［44］M BOCKARJOVA，L STEG. Can protection motivation theory predict pro-environmental behavior？explaining the adoption of electric vehicles in the Netherlands［J］. Globalenvironmental change，2014，28.

［45］MICHAEL CARMODY. Large business and tax compliance a corporate governance issue. leader's luncheon address［J］. Commissioner of taxation，2003（4）．

［46］PHILLIPS J D. Corporate tax－planning effectiveness：the role of compensation－based incentives［J］. The accounting review，2003，78（3）．

［47］PRAKASH A SHIMPI. Integrated Risk Management［M］. New York：Swiss Re New Markets，1999.

［48］RONALD W ROGERS. A protection motivation theory of fear appeals and attitude change ［J］. The journal of psychology, 1975, 91.

［49］ RONALD W ROGERS. Social psychophysiology: a sourcebook ［M］. New York: Guilford Press, 1983.

［50］ SIM SEGAL. Value – based enterprise risk management ［J］. The actuary, 2005 (5/6).

［51］ TANNER, E DAY, M R CRASK. Protection motivation theory: an extension of fear appeals theory in communication ［J］. Journal of business research, 1989, 19 (4).

［52］ TOM NEUBIG, BALVINDER SANGHA. Tax risk and strong corporate governance ［J］. Tax exceutive, 2004 (3/4).

后　记

　　六年前，我在博士毕业论文的基础上进行修改、完善，出版了自己的第一本学术专著《中小企业税务风险管理研究》。当时，为我作序的是暨南大学经济学院博士生导师於鼎丞教授，於教授勉励我"罗威同志长期以来能够选择这样一个具有较强前瞻性、实用性的研究方向，我觉得非常有必要。希望他能将自己的研究持续下去，在自己的专业领域取得更大的突破，形成更多、更好的研究成果"。三年后，我庆幸自己没有辜负於教授的期许，经过几次申报，终于获得了广东省自然科学基金的立项，研究的题目正是"广东省中小企业税务风险管理研究及应用"。在接下来的几年时间里，以这个项目为基础，我得以继续从事这个领域的研究。

　　攻读博士学位期间，我在暨南大学沈肇章教授的指导下，开始了企业税务风险管理方向的研究，并发表了数十篇相关论文，以此作为博士学位毕业论文的写作方向。但基于当时研究经费、实践经验的缺乏，研究的主要内容还停留在理论层面。此番再次展开研究，有了充足的科研经费和调研时间，终于能够把一部分理论研究成果转化为实际操作系统。依托本项目研究开发的中小企业税务风险评测系统已推向市场，并且受到了诸多会计中介机构的好评。看着接近10年的研究成果得以推广和应用，我心中感慨万千！

　　本书的顺利出版首先需要感谢沈肇章教授，虽然我已经毕业多年，但沈教授依旧时时刻刻关心我的工作与生活，经常和我分享自己的研究心得。也正是因为沈教授一如既往的支持，才坚定了我申报广东省自然科学基金的信心。在课题研究过程中，作为核心团队成员，沈教授也是倾其所有，调动一切可以利用的资源来帮助我完成研究。另一位需要感谢的团队成员是暨南大学的陆超云博士，超云是我本科时期的师弟，但其科研水平已经远在我之上，感谢他一直以来在技术分析、系统开发工作中提供的支持，没有他的支持，我们可能无法取得今天的研究成果。

　　另外，还要感谢我的同窗张锐，在课题申报和研究过程中，他悉心对我进行指导，并提供帮助。虽然毕业以后大家都在为了各自的家庭和事业打拼，相聚的时间越来越少，但我相信这份同窗情谊一定会长存下去。

同时，还要感谢广州顺源公司的刘勇总经理，广州保诚公司的李健祥总经理、李桥妹女士、陈社煌先生，广州奥强公司的陆超总经理、万悦女士，在前期的调研和系统的开发、测试过程中他们都给予了我很大的支持和帮助。

最后，还要感谢我的父母、岳母以及妻子。因为有了他们，我才能安心工作、潜心研究，可以说没有他们的默默付出就没有我今天取得的成果。

转眼间博士毕业已六个年头了，我已经从三十出头的青年教师成长为学校的中层领导，就连牙牙学语的小宝宝都已经是三年级的小学生了。在这段时间里，我在工作上虽然取得了一些成绩，但更多的是经历了各种人生的起伏，获得了不少人生的感悟。即将迈入不惑之年的我，要学会承担更多的责任与压力，纵然前方可能还会有更大的困难与考验，也要一步步坚实地走下去。

在此，谨以此书献给所有关心、帮助过我的人！

罗　威

2018 年 11 月于广州青山湖